臺灣歷史與文化 研究輯刊

二十編

第 8 冊

臺灣桃園呂屋豐順腔客話研究（下）

賴文英 著

花木蘭文化事業有限公司

國家圖書館出版品預行編目資料

臺灣桃園呂屋豐順腔客話研究（下）／賴文英 著 -- 初版 --
新北市：花木蘭文化事業有限公司，2021〔民110〕
目 6+188 面；19×26 公分
（臺灣歷史與文化研究輯刊二十編；第 8 冊）
ISBN 978-986-518-555-8（精裝）
1. 客語 2. 比較語言學
733.08   110011283

ISBN-978-986-518-555-8

9 789865 185558

臺灣歷史與文化研究輯刊
二十編 第 八 冊
ISBN：978-986-518-555-8

臺灣桃園呂屋豐順腔客話研究（下）

作　　者　賴文英
總 編 輯　杜潔祥
副總編輯　楊嘉樂
編　　輯　許郁翎、張雅淋、潘玟靜　　美術編輯　陳逸婷
出　　版　花木蘭文化事業有限公司
發 行 人　高小娟
聯絡地址　235　新北市中和區中安街七二號十三樓
　　　　　電話：02-2923-1455／傳真：02-2923-1452
網　　址　http://www.huamulan.tw 信箱　service@huamulans.com
印　　刷　普羅文化出版廣告事業
初　　版　2021 年 9 月
全書字數　165406 字
定　　價　二十編 14 冊（精裝）台幣 35,000 元

臺灣桃園呂屋豐順腔客話研究(下)

賴文英　著

目

次

圖目次

表目次

第八章　詞彙與文化

8.1　地名詞彙

　　李壬癸（1999：2）指出，對於沒有文獻記錄的民族遷移史，語言學通常有三種不同的研究方法，其中之一即為「地名研究」，因為「舊地名常是原住民遺留下來的歷史標記。」而此種研究方法亦可以適用於語言與文化相關議題的研究。以下新屋鄉地名的研究，試從音韻學、語言學、文化學的角度來詮釋。

8.1.1　地名的命名法

　　臺灣早期的地名命名方式，帶有自然、地理、動物、歷史、民情、風俗習慣及文化背景等特色。所以舊有地名的存在可說是歷史的代言者，再加上舊時地名的命名邏輯，通常是很隨性的，淺顯易懂也不複雜，純粹是反映當地的自然、人文現象，由一處地方的命名及地名的演變，或許更可探測此地人文或地理上的變遷。故以新屋鄉地名來論，其早期地名命名的方式常見的有五種情形，其中，不少地名是結合兩種或以上特徵而來的，如下說明：

8.1.1.1　以地形特徵命名

　　在早期，有很多地名的命名是以當地地形特徵而來的，其中在新屋地名中呈現地形特徵的，則有以下數種：

　　【崁 k'am[11]】——一般字書少有此字，應為後起字，為「堪」的假借字。《說文》：「堪，地突也。從土甚聲。口含切。」「堪」、「崁」聲近義同，此字

在當地為代表地勢較高之意。所謂的「崁」，如：崁頭屋（即今永安村，靠海），據文獻的解釋此字來源可能為：「指往昔隆起的海崖而言，現因侵蝕作用及農田的開闢，已不顯著。」〔註1〕另外，此字也用在形容田地突起意，如：田崁，指田突出處。

【埔 p'u⁵³】──客方言將地荒蕪、平坦之意，稱之為「埔」。此地在開墾之初多為廣闊未墾之平地，地名因此而命名的有「埔頂」、「上青埔」等。教育部編《異體字字典》（2002）則將此字視為閩粵方言語。

【陂 pi⁵³】──《廣韻》：「陂，書傳云，澤障曰陂，彼為切。」客方言中，稱「陂」為池塘，與《廣韻》音同義通。故地名中有「陂」者，多代表此處有池塘，如：「大陂」表因有大池塘而命名；「紅泥陂」得名於因池塘之水含赭土之泥水；「青草陂」則因當地池塘四周水草叢生而命名。

【洲 tʃu⁵³】──如「犁頭洲」之「洲」命名是因此地區「臨大堀溪間的細長河牀地帶，故以洲稱呼。」〔註2〕

【堀 k'ut⁵】（文獻或有做「窟」）──《說文》：「堀，突也。從土屈聲。苦骨切。」〔段注〕則有清楚的解釋：「突為犬從穴中暫出，因謂穴中可居曰突，亦曰堀，俗字作窟。」如「三角堀」即是坐落在當地福興溪上游二源頭間的三角地帶，而此地帶聚落的溪水水流緩慢，河幅擴大，成為長潭狀，故以「堀」名。

【磊 toi⁵³】（堆）──磊，望形生義，表當地有石子聚成堆的特色而命名，如「石磊」地名即起源於當地因溪水氾濫，影響墾殖，故以石頭磊磊成堆狀，並以之命名。

【圳 tʃun¹¹】──圳，為當地農業灌溉的水道來源。例如「深圳」原在「蚵殼港」地區，其命名是因當地在光緒年間缺水灌溉，於是引水自三角堀，開闢一新圳道，稱之為「深圳」，並以之為地名〔註3〕。

【坟 vun⁵⁵】──坟，墳之意，表當地有墳墓，如：番婆坟。

【山 san⁵³】，【港 koŋ¹¹】，【溪 k'e⁵³】，【湖 fu⁵⁵】──地名如：「榔榔山」、「蚵殼港」、「東明溪」、「北湖」等，因字面義同華語，望文生義，故在此不再贅述。

〔註1〕見洪敏麟（1983：80）。
〔註2〕見洪敏麟（1983：77）。
〔註3〕參考洪敏麟（1983：79）。

8.1.1.2　以歷史移民源流命名

隨著勢力範圍的不同，移民勢力的先後、強弱等因素，而有不同的命名源由，以當地地名來說，大致有四種情形：

1. 當地土著——主要是指原住地居民平埔族。例如：番婆坟、社子（詳見 8.1.2 節）、石牌嶺等。透過田調的發現，以及相關文獻的記載，其命名源由均與平埔族有關。例如，「石牌」的命名來由是為了永遠杜絕漢人與番人之間的爭鬥，地方官在民番的交界處立下石牌，因而舊稱「石牌嶺」。〔註4〕

2. 大陸移民——如鄉名「新屋」之由來，是在雍正年間，廣東惠州府陸豐縣姜姓族人相率度臺，後改複姓，至乾隆年間移墾至今新屋，並用顯著的紅色磚瓦建一新的房屋，因而村民稱其房子為「新起屋」，久之此地就以「新起屋」為莊名，簡稱「新屋」，這座「新起屋」亦即現稱之「范姜古厝」〔註5〕。又如「十五間」之由來，是因乾隆初有客籍人士來臺開墾，建茅屋十五間於此，因此得名。此類地名之由來，均與大陸地區移民來臺後，所形成之歷史背景有關，此亦為其地名命名特色之一。

3. 姓氏聚落，當地有以「羅屋」、「葉屋」、「曾屋」、「游屋」、「呂屋」等來命名的，表示在當地的聚落，主要是由某一姓氏聚落所組成的。另外，文獻中，有些「屋」是以「厝」來命名的，則代表著開墾或命名之初與閩南人有關。

4. 地方權勢——如「甲頭屋」，此地原是姜勝本號之初居地，因范姜一族，人多勢強，故當地人稱其為「甲頭」，代表在地方勢力大、權力大，莊名乃以此稱之。

8.1.1.3　以方位命名

【勢】——早期或因所處位置籠統而命名的，如「北勢」、「東勢」取其位置大約在行政中心區的北部或東部，為概括性的稱呼。「勢」的本義即指形勢位置而言，如《廣韻》：「勢，形勢。」

【頭】——頭，可做為方位詞，但在地名中出現的通常代表「頂、前」之意，如「榔榔頭」、「崁頭屋」等等。

【頂】——頂，即頂端之意，如「埔頂」之命名，是因為位在高亢荒埔之

〔註4〕參考安倍明義（1992：48，127）。
〔註5〕參考《桃園文獻》第二輯（1994：169～177）。林衡道《鯤島探源（一）》（1996：141～144）。

頂而來的。

【後】(后)、【東】、【北】、【上】、【下】、【尾】等——地名如，後莊、後湖；東勢；北湖；上楝榔；下楝榔；十五間尾；均純粹以方位結合當地特色來命名的。

8.1.1.4　以當地人文、產業特色命名

地名的命名起源，是以當地人文、產業特色而來的。比如，盛產植物（楝榔）的「楝榔」；物產豐富（牛）的「大牛欄」、「赤牛欄」；因地利缺水而只需納租穀九斗的「九斗」；以動物（白鶴）為觀的「白鶴屋」；以及以產業為當地特色的「銀店」（以銀店成當地著名特色）、「水碓」（碓，表「杵臼」，水碓為利用水力精米之地）、「犁頭洲」（以鑄造農業用的犁頭聞名）等等。

8.1.1.5　以心理寓意性命名

以心理寓意性來命名的，多半為表徵性的含意，但卻透露了當地人民的心理文化。例如，象徵吉祥、如意、福氣的字眼「福、明、興、清」等，也常用在地名中。而此類地名的產生，為求平安、吉利、福氣；或因難聽不雅；或由於政府的治理改造；或隨著當地的變化，舊地名已不適用，如「福興溪」、「永安村」、「永興村」。或如「望間村」，是由「十五間、十五間尾」等地區改稱的，光復後，取陰曆之月圓為望，故改稱之。

8.1.2　地名探源

隨著時代的進步，一些新的詞彙會逐漸代替舊有的詞彙，然而地名卻可常存古，理由有二：1. 地名命名通常是較寫實的，不太會改變，尤其是世居在當地的人更能經由口耳相傳，而保留當地舊有地名的說法；2. 地名即使改變了，通常有方志完整的記錄下來。另外，地名中也常反映了長期延續而下的古字或方言字，因此，地名詞彙應是最能反映當地文化的代表，而地名的探源更有助於瞭解當地的歷史與文化。

　　1.「社 $\int a^{11}$」——

社子村舊稱「社仔」〔註6〕。舊地名中有「社」者，通常意指番人居住的地方。而洪敏麟（1983：118～120）亦有對平埔族社有關的村落予以記載，

〔註6〕「社仔」之「仔」應為當地海陸客話之後綴詞，因當地之豐順客話特色無有後綴詞「仔」，只以「社」稱。文獻中以「社仔」出現，應是以當地的通行腔所形成的通用地名。

其中對平埔族居住的「社仔」一地之界定範圍為：「臺北市士林區後港、葫蘆……新屋鄉社子村之一部分，……。」所謂「社子村之一部分」，當指今新屋之「社仔」，此地會以「社仔」命名，亦可見早年此社平埔族有一定的勢力範圍或特色才足以以地名稱之。而「社仔」是昔日平埔族頭目之部落而得名的，在民國九年時改稱「社子」，光復後社子與番婆坟合併為社子村。〔註7〕

　　2.「番婆坟 fan^{53} p'o^{55} vun^{55}」——

　　「坟」為「墳」之俗字，為墓地之意，現在為大陸通行之簡體字，華語讀成「ㄈㄣˊ」。在文獻中或做「番婆坟」，或做「番婆坆」〔註8〕。教育部所編《異體字字典》（2002）中，在「墳」字之下同時收錄「坟、坆」二異體字，其音讀有二，分別為「ㄈㄣˊ、ㄈㄣˋ」。但在《廣韻》及《說文》中則均查無「坟、坆」二字。今列舉相關之辭書說明如下，以供比對參考，亦可瞭解彼此之淵源關係：

　　　　《經典文字辨證書》：「墳正坟俗」（p.47）

　　　　《異體字字典》：「坟，……『墳』從賁聲、『坟』從文聲，『賁』者彼義切、『幫』紐，『文』者無分切、『微』紐，皆屬曾運乾『古音三十攝』之『陽聲昷攝』，是二字古音同也，則『墳』之作『坟』，乃以同音字改易聲符者也」；「坆，……以其與『坟』字形近，故俗又作『墳』字用。於是遂為『墳』之異體矣。」（http://140.111.1.40/）

　　「文、賁」古音依董同龢（1975：221）均從文部合口文韻平聲字，可知「坟」從文聲，「墳」從賁聲。當地人「坟」讀成陽平[vun]聲，音義上可為同音假借字，可見「坟」字在當地人的讀音中是保有相當古的形、義與音之連繫關係。

　　番婆坟位於新屋鄉社子村之附近，即在「社仔」之西南，海拔約七十公尺，又作番婆墳。此地原是社子平埔族一「老媼」〔註9〕墳墓所在地，地名起源因此而來，光復後與社子合併為社子村。〔註10〕

〔註7〕參考《桃園文獻第二期》1994：172。

〔註8〕分別見安倍明義（1992：127）、洪敏麟（1983：76）、《桃園文獻》第二輯（1994：172）。

〔註9〕文獻中以「老媼」稱之。媼，按《說文》（p.615）段注：「媼，母老稱也。從女昷聲。」。以當地平埔族的勢力範圍，此處的「母老」當指婦人長老者之意。

〔註10〕參考《桃園文獻第二期》1994：172。

　　番婆坟與社仔之歷史淵源關係亦可透過《桃園縣志》（1983：229）之新屋鄉新舊地名演變對照表窺得大概：

新村名	舊大字名	舊小字名
社子村	社子	社子、番婆坟

　　故其地名演變可如下表示：

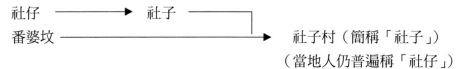

3.「大牛欄 t'ai^{11} ŋeu^{55} lan^{55}」——

　　其地名源由有文獻版與筆者訪談的民間版兩種版本：

　　（1）文獻版〔註11〕——大牛欄起源於有陳金榜在此荒地牧牛，因圈地寬廣而名。因其所養牛隻始終不達一百隻整數，買來補充，隔日一算仍為九十九；賣出數隻，隔日還是九十九，數年後陳氏心灰而改事墾田，牛隻因而大量減少。至光復後，大牛欄分立為大欄村，但發展卻多阻力，1959年的「八七水災」損失尤其慘重，村民因而厭惡村名諧音「大難」，為求永旺長興，遂於1967年改稱今名「永興村」。

　　（2）民間版——以前一張姓（或莊姓）人家，養百隻牛以上用來耕田，當耕田之人用餐時，須以大鼓敲打呼喊大家來用餐。而牛隻數目不管是賣出一隻或死去一隻，隔日牛隻會再生一隻，維持一定的百隻，此為「大牛欄」地名之由來，閩人則以「大牛稠」稱之。在當地並有一顆大石頭，據傳可保護牛隻，但自從此大石被擊碎後，即無法維持牛隻的數量，並陸續死去。同樣的，在「蚵間」，舊名「羊寮」，亦因養有百隻以上的羊而得名，且亦有一顆大石頭可保護羊隻，但石碎後，羊即陸續死去，後以產蚵為名，才輾轉改為今名「蚵間」。

8.1.3　地名詞彙與當地文化之關係

　　透過地名源流的探討，我們可以約略瞭解當地地名詞彙與當地文化之關係，並有以下幾點的含意。

8.1.3.1　地名所隱藏的原住民歷史背景

〔註11〕參考《桃園文獻》第二輯（1994：174）。

從客家的地名研究，亦可窺出當地與平埔族具有歷史淵源關係。

在臺灣各地有很多附有「番」、「社」的地名，這是基於往昔和番人的關係而命名。例如上述所提及的「社子」；或是「番婆坟」則意指此地有番女之墓；「石牌嶺」的命名來由，則是為了永遠杜絕漢人與番人之間的爭鬥，地方官在民番的交界處立下石牌。

從「番婆坟」來看，原先是指墳墓而言，但它卻能夠成為當地的地名代表，便可推測此「番婆」應具有相當權威地位的人，又平埔族在當地地區也具有一定的勢力範圍或表徵，才足以成為地名的指標。

番婆坟位於新屋鄉，亦近於新屋鄉之埔頂村，在歷史的記載中，埔頂是平埔族坐落地之一，今將北部平埔族——凱達格蘭及其之下的分支關係列於下〔註12〕：

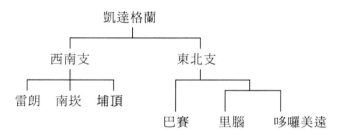

平埔族之下還分出不同的族群，語言也各異，但在平埔族語言大多全面流失、又無語料保存的情形之下，我們無法溯得當地平埔族是屬於何族！也許經由相關地名的再細究可追出一些的蛛絲馬跡也不定，不過這是我輩人所應當繼續努力的。

不管早年有多少的平埔族人，到現今不復存在，連語言也不曾留下，有的只是少數的幾個相關地名，而這少數的地名也在時代的變遷中，逐漸消失殆盡了！

8.1.3.2　地名所隱藏的閩南人歷史背景

客家人稱房子為「屋」，閩人稱之為「厝」。文獻中，地名稱厝而不稱屋，其實有兩層含意，一表當初建立開墾者為閩南人，如「崁頭厝」，其開墾者以閩人為主，故稱厝；二表當初文獻整理者為閩人，即使當地是以客家人開墾建業，但亦將其地名以「厝」記之。故探討地名與閩南人的歷史關係時，還需考慮到其他相關文獻的記載。

〔註12〕見李壬癸（1999：82）。

8.1.3.3　地名所隱藏的大陸移民來臺歷史

有些聚落地名的形成，往往和早期移民至此所呈現的現象有關，通常移民至此，開墾之初是很辛苦的，故聚落之內的人多半為同一宗族姓氏，呈現出團結、勢力、生存的表徵，如：「十五間」、「羅屋」、「呂屋」……等。

8.1.3.4　地名呈現的地形、人文概觀

從新屋鄉有「崁、堀、陂……」等至少十二種地形特徵來看，再配合地名方位，不難瞭解當地的地形，以及由地形帶出的產業特色，如「崁、港」多表海岸區，近海漁業較發達；又「陂、圳」多表灌溉用之水塘、水道，農業稻作為主。大部份地名以字面義，多半即可瞭解當地舊有或現有的人文現象。

8.1.3.5　地名的改變所呈現的歷史演變

地名可能因當地的風土民情、人文景觀、地理變化，或心理因素等等的原因，而產生命名的改變。以下舉兩地名說明其演變概況，及其呈現的文化背景：

（1）「崁頭屋 k'am¹¹ t'eu⁵⁵ vuk⁵」——舊地名「崁頭屋」（或做「崁頭厝」）因名稱不雅，有諧音「砍頭」之意，故而改成今名「永安村」，但當地居民現今仍有以「崁頭屋」稱之。其地名的演變透過《桃園縣志》（1983：229）之新屋鄉新舊地名演變對照表可窺得大概：

新村名	舊大字名	舊小字名
崁頭村	崁頭厝	崁頭厝、下庄子

故其地名演變可如下表示：

（2）「呂屋 li⁵³ vuk⁵」——位在埔頂、社子之呂姓人家，為兩村之大姓，其祖先大多屬同一「公廳」〔註13〕，在當地並有以「呂屋」來泛稱呂姓族群早年聚居之地，故在埔頂有一聚落稱之「呂屋」，在社子亦有聚落「呂屋」之稱。據「呂屋」人士說明，他們的原籍大多來自廣東省豐順縣，為世居當地之人。早期埔頂之「呂屋」因都是矮房，而被當地其他人以「矮寮 e¹¹ liau⁵⁵」地名稱之，之後又因開設了一家銀店，在舊時期能有一家銀店是很了不起的，

〔註13〕客話「公廳」，指宗族共有的廳堂。

因而成為當地的地標特徵，故而又有「銀店 $ȵien^{55}tiam^{11}$」地名之稱呼。當然現今「矮寮」不見了，「銀店」也非當地特有之地標了，故而地名以「埔頂」或「社子」來含括稱呼，但當地人仍普遍以「呂屋」來泛稱呂姓人士的聚落地。

8.1.4　小結

本文嘗試性的從語言學、音韻學、文化學的觀點來探究地名，我們可得到如下的幾點結論：

（1）藉由地名探源，韻書的查詢比較得知「坟」與「坆」為「墳」的異體字。且「坟」少見於韻書，為很早就出現的古俗字，在新屋地區仍保有此字之形、音、義。

（2）類似「番婆坟」這一消失中的地名，此地名現在卻已很少使用，或只成為少數長輩所僅留存的模糊印象，日後，可能只留存在歷史的文獻記錄中了。

（3）從平埔族的歷史探究，以及藉由方志之探源及訪談當地之居住者，可知此地早在客家人於雍正、乾隆入主時之前，即屬平埔族之居住地，並瞭解當地與北部平埔族人文或地理上的關聯。

（4）藉由新屋客家地名的探究，可推求舊地名反映在無論是地理、人文、產業、歷史移民，抑或是平埔族歷史等方面的文化含意。

（5）地名的研究有助於瞭解地方方言，或做為方志、歷史學資料來源的參考。

坐落於新屋鄉的番婆坟，或其他舊有地名，隨著歷史的脈動而逐漸不為人知。而類似這樣的歷史地名，可能還隱藏在某些角落之中，等待有緣人將它們一一撿回，而文化也會因為地名源流的探究而增色不少。

8.2　委婉語

各地方言中有不同的委婉語表達方式，探究委婉語可以瞭解隱藏在各地方言詞彙中的文化特色。本文就新屋鄉豐順客方言共時現象的呈現，並從禁忌與委婉語歷時以來的演變做一探究，以瞭解委婉語所代表的文化意涵，及歷史上的變遷。以下分四部份來探討：第一部份說明委婉語的產生及其背景；第二部份嘗試從修辭學的觀點來分析委婉語；而禁忌語與委婉語

之間總是有一些微妙的互動關係，在第三部份將做探討；最後則從委婉語的分析中，筆者歸結出幾點的心得感想做為小結。

8.2.1　委婉語的產生及其背景

委婉語（euphemism），英文一詞源自於希臘文 euphemismos，詞綴 eu-意為 well 或 sounding well，而詞幹 pheme 意為 speech〔註14〕。顧名思義，委婉語簡單的說就是——好言好語。或有將其視為「禁忌語」的替代語或暗示語，但筆者認為謝宗先（1994：87）的說法較符合一般委婉語的含義：「委婉語用一種不明說能使人感到愉快或含糊的說法，代替具有令人不悅的含意或不夠尊敬的表達方法。」接下來他又指出委婉語的特點：

「其特點是把比較粗魯的語言或令人不快的話換成婉轉、含蓄的說法，避免由於直接的、普通的說法所造成對聽者或讀者的傷害，能使讀者更恰如其分地表情達意，聽者能心平氣靜地接受本來不易接受的認識、感情和態度。」

元代陳繹曾在《文說》〔註15〕裡有「語婉而意直」和「語直而意婉」之說法。「委婉」有「委曲婉轉」之意，因為宗教、政治、民俗、人名、心理文化，以及與人體親近的身體器官、生理現象、性、生、老、病、死等等的因素而產生的語言，故綜合其產生的背景約略有以下幾點：

（一）因為禁忌、避諱——從中國古老的社會到現代的各方言之間，就一直承襲著各種不同的禁忌與避諱。如新屋當地有少數的豐順客家庭有避諱直接面稱母親、父親，而稱「阿嬸 a^{33} tsim^{55}」、「阿叔 a^{33} ʃuk^5」，以避開相剋並求父母親的長壽，但此避諱形式並非屬於所有的豐順客家庭，不過它卻又可呈現出文化禁忌的一面；在當地的海陸腔人士亦有少數家庭有相同稱呼的避諱形式。至於禁忌語與委婉語的關係將於以下 8.1.3 小節再詳述。

（二）為求文雅、含蓄——以文雅、含蓄的委婉語代替粗鄙、直接或難聽的詞語。或許這是因為太直接而說不出口，也或許是因為怕傷害對方而不直說，更或許語言本身的奧妙，可以讓各方言創造出各自的委婉語，以達到社會交際的需求、人們互動的準則，例如，在舊時社會中，奸夫淫婦的行為是被認為污穢的，字面上便以較含蓄的字眼「兩伙計 lioŋ^{11} fo^{11} ki^{11}」表「奸

〔註14〕參見謝宗先（1994：87）。
〔註15〕見《景印文淵閣四庫全書》【集部四二一・詩文評類】，頁249。

夫淫婦」。

　　（三）為求幽默、詼諧——有時為求善意的虧損對方，卻又可達到不以直接的字面義傷害到對方的尊嚴，同時並可產生幽默、詼諧的效果，這方面的委婉語亦不可少。如，當不直接明白說出某人是很難服伺的時候，就可用帶有較詼諧的語句：「你腌鬍鬚」（語句解釋參見下文詞例 1）來暗喻，這種以人的身體部位名稱「鬍鬚」，來代替可能會讓對方聽起來不舒服的直接用詞。

8.2.2　從修辭學觀點談委婉語

　　委婉語的形式可以透過比喻、誇張、借代等等不同的修辭手段來表現，運用不同的方式則分別可以產生不同的效果，並能讓語句更加輕鬆、生動又文雅，不會造成對話者的不舒服或尷尬感，例如：

　　（1）鬍鬚，本指鬍子之意，但在「鬍鬚頭難剃」，或是在鬍子長又密時，便會做怪、搞怪，因而當我們不直接明白說出某人是很難服伺又搞怪的時候，就可用較幽默的語句來表達，例如：

　　　　「你腌鬍鬚！」（華語義：你很搞怪！）

　　　　「ȵi⁵⁵ an¹¹ fu⁵⁵ si⁵³」

　　「鬍鬚」，透過比喻的方式，以其外形給人有「搞怪」的特徵，所以有「很難服侍」的意味在，也引申出「事情不好搞定」之意。

　　（2）埲頭，其原意為正戲之前的逗趣表演，表演的內容通常意含著場面不小、準備的表演道具也不少，其表演的內容與正戲較無關，由表演者即興發揮，再導入正戲；由此引申出帶有誇張的「派頭、場面」之意。例如，某人要出門，卻準備了不少東西，或一些有的沒有的東西，便可說：

　　　　「你愛去哪？埲頭腌大！」（華語義：你要去哪裏？派頭那麼大！）

　　　　「ȵi⁵⁵ oi¹¹ hi¹¹ nai¹¹ ? pʻaŋ⁵⁵ tʻeu⁵⁵ an¹¹ tʻai¹¹！」

　　這是以誇張兼有比喻性的手法來達到詼諧及詢問的目的，抑或是暗示對方不需要攜帶那麼多的東西。

　　（3）磟碡，本義是指打碎田土的一種農具。利用此農具用途上所表現出的「踏實」、「實在」，而暗喻出其另一種反義性，如：

　　　　「打磟碡」（華語義：形容人很會講話，說起來頭頭是道，但實際上
　　　　卻不會去做的人。）

　　　　「ta¹¹ luk² tʃʻuk²」

　　這種罵人不帶髒話，以暗喻又文雅的字眼，達成說話者想表達的意念，正是因為方言中有不少的詞彙具有委婉性，才能產生如此的效果。

8.2.3　禁忌語與委婉語

　　「Taboo 塔布」（亦即「禁忌」）一詞，源自於南太平洋玻利尼西亞中的東加（Tonga）群島，含「神怪的」、「不可接觸的」之義，進入了英語等語言之後，它就成了禁忌語的同義詞〔註16〕，並成為了一種語言現象，也代表了一種文化現象。

　　《說文》對「禁忌」的解釋為：「禁，吉凶之忌也。」〔段注〕：「禁忌雙聲。」又《說文》：「忌：憎惡也。」

　　簡言之，「禁忌」亦即「禁忌避諱也」，古籍中可見記載，如《漢書》【藝文志】：「牽於禁忌。」〔註17〕

　　因為禁忌，故常常就會產生另一委婉語來相對應，但委婉語的產生卻不一定是相對於禁忌語的。禁忌語的產生同委婉語一樣，含種種的因素。而各地方言有不同的禁忌語與因禁忌語而產生的委婉語，由此並可反映出各地人民的心理狀態或風俗民情。

　　但方言中的禁忌語可能借自於其他方言，借過來之後反成一「約定俗成」的非禁忌語，在此，暫不考慮此種因素，本篇僅就方言詞彙歷時以來，禁忌與委婉關係的演變做一探究。

　　至於在豐順方言中，因禁忌語而產生的委婉語形式手段，約略有以下幾種：

　　（一）採迴避不說：傳統以來，女子之「月經」被認為不潔，且會帶來衰運，因此就會儘量迴避不去說它；相對的，現代才有的詞語「衛生棉」，在早期大部份方言地區，並無名稱去稱呼，這類語言多以「那個」或「布」等代名詞來代替，實際上是少有真正的詞彙。

　　（二）採迴避改他稱：若涉及道德、倫理範疇的詞語，特別是性器官、性行為等有關的詞語，通常除了迴避不說外，或以其他詞替代，如：「團魚 t'on^{55} ŋ^{55}」（鱉）——李榮（1994：166）在長沙方言中論證了「鱉」的委婉詞，其中之一的稱法為「團魚」，這是因為「長沙女陰用「鱉」字……取龜

────────────────

〔註16〕參考鄧杏華（1996：43）。
〔註17〕見《漢書》【卷三十・藝文志】。

鱉扁平之形。」因此在客方言中「團魚」的由來，應也是因為與女性的生殖器音同、音近或形似，而刻意迴避並改稱為好聽的替代詞。

（三）避諧音改吉義：

1.「豬利頭 tʃu⁵³ li³³ tʻeu⁵⁵」（豬舌）──豬舌的「舌」字和「折本」的「折」（或做「蝕本」的「蝕」）字音同或音近，故不少方言就忌用並改用帶有相反含意的「利」字或其他，如〔註18〕：

方言點：	梅縣	廣州	南昌	溫州	新屋豐順
豬舌稱法：	豬利錢	豬利	招財	豬口賺	豬利頭

2.「遮 tʃa⁵³」（傘）──客話中，雨傘的「傘」字因與「散」音同或音近，有「分散」的意思，因此以意義相通的「遮」字來替代〔註19〕。但「傘」字仍舊會出現在宗教語言中，如：「騎布馬，打涼傘」中的「涼傘 lioŋ⁵⁵ ʃen¹¹」，此中的「傘」應屬文讀音。

3.「豆醬 tʻeu³³ tsioŋ¹¹」（豆豉）──豆豉為食用的食品，筆者研判，「豉」字音「ʃi³³」和「屎」、「死」字音同或音近，因而在豐順方言中以「醬」來稱呼。

4.「金瓜 kim⁵³ kua⁵³」（南瓜）──一般客家人稱南瓜為「黃瓠 voŋ⁵⁵ pʻu⁵⁵」〔註20〕，但豐順方言亦有稱「金瓜 kim⁵³ kua⁵³」。據盧彥杰（1999：118）說明這個詞彙的禁忌原因是因為南瓜：

> 「要食用前必須先用刀宰殺（客家話稱剖開為「治 tʃʻi⁵⁵」）。基於這
> 種避諱的心理，姓黃的人都稱南瓜為『金瓜』，而不稱『黃瓠』了。」

但筆者以為客家話「金瓜」一詞，也有可能是方言地直接借自閩語而來，也或許是因為客家黃姓人士忌稱「黃瓠」而改以閩語詞彙來稱呼，並將此詞彙擴散流傳開來。現「金瓜」或「黃瓠」一詞多已成各地方言區域性的特色說法，至少在豐順方言地區中，兩詞是可並用的，可見得它並非是當地所屬真正的禁忌語了。

（四）避字義改吉義：

「豬紅 tʃu⁵³ fuŋ⁵⁵」（豬血）、「雞紅 ke⁵³ fuŋ⁵⁵」（雞血）──傳統觀念，認為「血」是會帶來傷害病痛、不吉利的，因此方言中多有諱之；又中國傳統觀

〔註18〕除新屋豐順方言外，其餘方言語料來源參考：周振鶴、游汝杰（1986：232）。
〔註19〕參考盧彥杰（1999：117）。
〔註20〕當地海陸腔並無「金瓜」的說法，豐順腔「黃瓠」一詞應是受當地海陸腔客方言影響而產生的。

念「紅」是帶有喜氣的，為求吉利而改以其顏色的特徵來稱呼。

1. 「拜好兄弟 pai^{11} ho^{11} hiuŋ^{53} t'i^{33}」——傳統以來，「鬼」是非常未知、無形、又會讓人害怕的，農曆七月半是祭拜孤魂野鬼的一大活動，但是因為忌諱直接道出祭拜「鬼」，因此若「好兄弟」之前加上一「拜」字，則這裡的「好兄弟」就成為「鬼」的代稱了。

2. 「人死」在當地豐順腔並不避諱直接說「人死 ɲin^{55} si^{11}」，但也有其他的委婉語說法，如：「過身 ko^{11} ʃin^{53}」、「百年 pak$^{5>2}$ ɲien^{55}」、「食祿滿ʃit^2 luk^5 man^{53}」、「轉老屋 tʃon^{11} lo^{11} vuk^5」等。

3. 「棺材」在當地豐順腔除了有「棺材 kon^{53} ts'oi^{55}」直接的說法外，還有其他的委婉語，如：「老壽 lo^{11} ʃu^{33}」、「四枝釘 si^{11} ki^{53} ten^{53}」、「四塊枋 si^{11} te^{11} pioŋ^{53}」、「杉枋 ts'am^{11} pioŋ^{53}」等。從材、木、枋等皆指樹材而言，因此棺木的委婉語「老壽」原應從「老樹」而來；另外，從「四枝釘」與「四塊枋」的詞彙中，猜想可能為早期的說法，此也代表著舊時棺木的簡陋與人民生活的困苦。在客語或閩南語中均曾聽說過相關的詞彙諺語，分別為：「有福之人雞酒香，無福之人四塊枋」、「生贏燒酒香，生輸四塊枋。」後半句意喻著女子的生產若不順利，則要面臨「四塊枋」的棺木了。

4. 有關「墓碑」、「墳墓」的委婉語說法則分別為：「碑石 pi^{53} ʃak^2」、「塔 t'ap^5」，因為從字面上看不出和「墓」或「死」字有直接關係。

（五）避直諱改字序：當地豐順人士的祖籍為廣東省豐順縣，但他們卻不直接稱「豐順」，而以字序相反「順豐縣ʃun^{11} fuŋ^{53} ʒen^{11}」來避稱，此或有「順風」之諧音在。

（六）避直諱改他稱：豐順方言中，有避諱直接面稱母親、父親，而稱「阿嬸 a^{33} tsim^{55}」、「阿叔 a^{33} ʃuk^5」，目的在於避開相剋並求父母親的長壽，以及子女的好養。

一般在方言中為禁忌語者，在豐順方言中也有不採避諱而直接道出的，如，人死就直接稱「人死」，反而不委婉說「人老」；又如「茄子」部份方言地區因「茄」與「瘸」同音而避諱並改稱其生長特色的「吊菜」說法，例如：

華語詞義　　方言點	茄子	人老過逝	筷子
新屋豐順詞彙（不採避諱詞）	茄	人死	箸

新屋海陸詞彙 （延用避諱詞）	吊菜 （避「癩」音）	人老 （避「死」字）	筷仔 （避「住」音）

　　與禁忌語本質有異曲同工之妙、且常相互探討的為「吉利語」，二者都是人們將語言視為一種神秘力量的心理作用。吉利語本身即有「趨吉避凶」之意，可以是代替禁忌語的一種形式，也可以是尋求「口彩」以取吉利，像是過年過節，或是喜慶宴會上，常聽到的口彩語如：「菜頭 ts'oi¹¹ t'eu⁵⁵」（蘿蔔）取其諧音意喻「好彩頭」；又如吳郭魚一詞，以「福壽 fuk⁵ᐳ² ʃu¹¹」為其通稱，在舊時農業社會中，桃園地區多「陂塘」（池塘），「陂塘」為盛產吳郭魚之地方，且為北部居民的魚類主要來源，可能是因為如此，北部客家人將繁殖快速的吳郭魚視為「多子多孫」、「福壽」的象徵，並以「福壽」來代稱此種魚。

8.2.4　小結

　　語言與文化彼此間有相互的依存關係，文化可以透過語言來呈現，而語言又著實為文化的體現，語言之所以美，在於它是活生生的一種智慧的呈現。

　　從上述委婉語的探討，筆者歸結出以下幾點的心得感想：

　　1. 委婉語與禁忌語非必要相應而生，但禁忌語則多半有相應的委婉語產生。

　　2. 委婉語可以呈現歷時的文化痕跡與共時的語言文化現象。

　　3. 各地方言有不同的禁忌語與委婉語，可以是「此有彼無」（此方言此詞彙，但他方言無），也可以是「昨是今非」（以前是委婉語但今不是），抑或是「此是彼非」（在此方言是委婉語，但在他方言卻不是）。

　　4. 委婉語非一成不變的固定為委婉語，而禁忌語也非一成不變的固定為禁忌語，它會隨著社會的開放、方言的接觸、語言詞彙的演變而產生變化。從同一地區的禁忌語卻呈現不同的說法來推論，其實這一類的詞彙已並非當地真正的避諱語，而是長期以來延用方言舊有的說法，最明顯的詞彙證據就是「南瓜」一詞，當地人士姓呂非姓黃，且其方言兼有兩種說法「金瓜」與「黃瓠」。可見得，隨著時代社會的演變，有些禁忌語已不再是禁忌語，舊有禁忌語的延用，只是稱呼上的「約定俗成」，並不見得還代表著禁忌。

　　5. 禁忌語與吉利語都是人們將語言視為一種神秘力量的心理作用。

　　當然若能綜合各方言的委婉語、禁忌語來探究委婉語，相信必更能呈現

出豐富且多樣性的語料與文化觀。本文受限於單一方言的語料，對於委婉語
的分析無法面面俱到，但作為一處方言的詞彙探究，卻也不失於日後相關研
究的延續與深究。

8.3　詞彙意義探究

詞的詞彙意義（以下簡稱「詞義」），簡潔的講，「就是概念通過某種語言
的手段而得到的體現，同時帶有反映某些伴隨觀念的補充特點以及某種感情
色彩和風格特徵。」〔註21〕而所謂的「概念」、「伴隨觀念」、「感情色彩」、「風
格特徵」就是文化的一種體現方式。以下第一部份，筆者嘗試從修辭學的觀
點談詞義共時現象的呈現；而方言中的古今詞義或有異同，第二部份則對此
探討詞義的歷時演變。

8.3.1　從修辭學觀點談詞義的共時現象

從方言的共時現象，我們可以將詞彙意義分為直接意義（或指詞彙之本義）
與轉移意義（即詞義延伸而出的意義），其中轉移意義以比喻義或引申義為主，
以下就新屋豐順客方言為例，分條例舉詞彙並合述其直接意義與轉移意義：

1. 駱駝 lot^2 t'o^{55}：本義為指稱哺乳動物的一種，但在比喻句的句子中，則
帶有另一種含意，但與本義仍保有聯繫關係，例如：

「你還會食，像駱駝樣。」（華語義：你就像駱駝似的很會吃。）

「ni^{55} han^{55} voi^{11} ʃit^2，ts'ioŋ^{11} lot^2 t'o^{55} ʒoŋ^{11}」〔註22〕

其中，被比喻的「你」為本體；用作比喻的事物「駱駝」為喻體；而聯繫
本體和喻體的輔助詞語「像」則為喻詞；「還會食」則意指擁有和「駱駝」一
樣的生理特性、相似點，即為喻解。因此引申出另一種涵意「形容很能吃的
人」稱之為「駱駝」，此詞彙除了一般的形容之外，視語境的場合，亦可帶有
貶義，罵人很會吃。

2. 蛇哥 ʃa^{55} ko^{53}：亦即「蛇 ʃa^{55}」之意。但「蛇哥」在舊時常用在拐騙小
孩而對蛇的一種稱呼方式，一般客方言中則為蛇之通稱。「哥」為派生詞的一
種形式，其本有意義，在部份詞中則演變為無意義之虛綴詞，或是在此還帶

〔註21〕參考林慶勳（2002：39）。

〔註22〕「駱」本音應為「lok^2」，因受後面「駝 t'o^{55}」聲母之影響，而致使前字韻尾
產生同化作用 lok→lot。

有一點暱稱含意的「蛇哥」。

3. 豬哥 tʃu⁵³ ko⁵³：此詞的「哥」帶有雄性之意，其詞意原為公的配種豬，或由於其到處配種的關係，因而引申為戲稱或罵男子很色的樣子。當然由「豬哥」衍生而出的詞彙也相當多，光是指稱男子很色就有「豬哥型」、「豬哥潾」、「豬哥仙」等詞彙〔註23〕；另外衍生而出的相關詞彙還有「豬哥牙 tʃu⁵³ ko⁵³ ŋa⁵⁵」（意指 1. 公種豬的長牙；2. 人的虎牙）、「暴豬哥牙 pau¹¹ tʃu⁵³ ko⁵³ ŋa⁵⁵」（意指 1. 公種豬的長牙；2. 人的暴牙），由於「豬」詞素的構詞能力很強，亦可看出在當時的社會環境之下，此詞牽引出的有關產業，與生活的息息相關性。

4. 火鉗 fo¹¹ kʻiam⁵⁵：「火鉗」原指夾柴火用之鐵夾。利用火鉗的外形特徵——細長，因而延伸出以下的說法：

「火鉗腳」（華語義：貶稱女子的腳瘦瘦長長的。）

「fo¹¹ kʻiam⁵⁵ kiok⁵」

具有同樣意義效果的另一種說法為「蝲蜍腳 la⁵⁵ kʻia⁵⁵ kiok⁵」（蜘蛛腳），亦藉由蜘蛛腳的外形特徵來形容腳貌。或因此二詞屬陰性，較不適於形容男子，只用於負面形容女子的腳形不具福相。

5. 烏蠅屎 vu⁵³ ʒin⁵⁵ ʃi¹¹：此詞視語言場合的不同而有兩層意義：一為直接意義，蒼蠅糞；二為比喻人臉上的雀斑、黑斑。後者是因其形狀類似，因而以此來命名。在方言詞彙的造詞法上，不乏是從其生活周遭的事物中，因為其外貌的相似性而命名，故而也可從詞彙的造詞法來探討詞彙命名之來源，但這又屬另一課題，不在本文論述範圍之內。

8.3.2 詞義的歷時演變

每一詞義在每一個時代可以是古詞義的繼續沿用，或古詞義的擴大、縮小，以及也可能代表著詞義的轉移，在此以古今詞義相異部份做一歷時的演變探討，並探究方言字的形成與發展。另外，一些詞彙意義長期以來仍具有爭議性的，在此擬舉「嘴、喙」、「頭牲」二例說明之。

8.3.2.1 古今詞義的演變

在詞義的轉移中，部份轉移後還與本義有聯繫關係，部份則與本義相差

〔註23〕詞彙參考徐兆泉（2001：670～671）。

甚遠，甚至轉換成他義，這樣，便有可能造成一詞多義的現象了。以下以常用詞彙為例說明古今詞義的演變，其中「背、頭、唇、肚」等詞義的演變，其中之一則分別成為客方言中，帶有方位詞的特殊詞素（詳見6.3節）。

【腳 kiok⁵】——腳，最初的本義只是指「小腿」，《說文》:「腳，脛也」，「膝下踝上」謂之「脛」。在中古時，「腳」已經代替了「足」，如:《晉書·陶潛傳》〔註24〕:「素有腳疾。」在客方言中小腿已為「腳裏」〔註25〕，而「腳骨」則表足、腿意，算是詞義的擴大。

【卵 lon¹¹】——卵，呈現著四種意義的走向。《說文》:「～，凡物無乳者卵生。」其本義即指今華語所稱之「蛋」，如「雞～」（雞蛋）；但在「面頰～」（寬骨）中則虛化成無意義之後綴詞；另有「雙胞～」（雙胞胎）之「卵」則為人之「胎」意；而「毑～」（玄孫女）之「卵」則帶有「小女」之意。

【背 poi¹¹】——背，本義為名詞「背脊」之意。《說文》:「背，脊也。」後來演變成有多層意義，如:「背書」、「背淨淨」等詞。其中在客方言較為特殊的是，「背」除了保有名詞性本義之外，另外代表具有特色的方位詞，相當於華語中的「面」，如「後背」表後面；與「背」有類似情形的，則另有「頭」字。如下說明。

【頭 tʻeu⁵⁵】——頭，也是構詞能力也很強的一個詞素，可為量詞、形容詞、名詞、方位詞、綴詞。本義見《說文》:「頭，首也。」後來演變成有多層意義，其中不乏有由「首」意衍生而來之意義，如:表示地名的「甲頭屋」、「紅崁頭」；表示一般事物名稱的「箸頭嫲」（筷子頭）、「額頭」；含有「大」的意思的「虎頭柑」、「結頭菜」（大頭菜）；用於農作植蔬的「禾頭」（稻叢）、「芋頭」。另外有其他種演變情形，其中，代表客方言較具特色的意義有三：一為代表客方言的方位詞，亦相當於華語中的「前段、後段」，如「頂頭人」、「上頭人」之「頭」含有較「近距離」的北部人，或用於地名詞彙中的「甲頭屋」、「紅崁頭」等；二為表無意義之綴詞或語助詞，如，用於天文的「日頭」（太陽），用於時間上的「暗晡頭」（晚上）、「下晝頭」（下午）、「朝晨頭」（早上），以及用於一般事物名詞的「鑊頭」（灶鍋）、「灶頭」（灶）；三為表「量多」之意，如「竹頭」表竹林之意、「秤頭」表份量之意、

〔註24〕見《二十五史·晉書斠注》【列傳第六十四·陶潛傳】，頁1610。
〔註25〕「裏」豐順音為/sioŋ⁵³/陰平，與四縣、海陸/sioŋ³¹/上聲不同。

「坽頭」表派頭之意，此三詞之「頭」字均含有「量多」之意。

【脣ʃun⁵⁵】（脣）──「脣」的本義依《說文》的解釋為：「脣，口端也。」〔段注〕：「口之厓也。假借為水厓之字。」故此字後來帶有邊邊、旁邊之意，因此在客方言中仍可顯現此二義，如名詞之「嘴脣」，以及帶方位詞特色的「海脣」（海邊）、「旁脣」（旁邊）。

【肚 tu¹¹】──《廣韻》：「肚，腹肚。」《廣雅‧釋親》〔註26〕：「胃，謂之肚。」《集韻》：「肚，胃也。」(p. 338) 故綜合以上，「肚」概括的意念為腹部之意，此詞素在客方言中，仍帶有胃部含意的詞彙有「豬肚」（豬胃）；另外，帶有方位詞「裡面」的含意，應屬引申意，如：「間肚」（房間）、「山肚」（山裡頭）等。

8.3.2.2　方言字

方言中的特殊詞彙，除了來源於古漢語、外族語之外，有一些至今仍查無源流或本字的詞彙，這一類詞就很有可能由方言另造一新字詞來表示，抑或為了反映當地特殊的人文習俗，而產生新字詞，這一類詞以方言字為主。所謂的「方言字」，狹義的說，可以是「俗字」而言，指的是其字或另有本字但不被廣泛採用，而俗字已被採用得很久，且已被肯定流行開來的，就稱「俗字」，如「𠊎」（我）為客方言中代表性的俗字。從廣義來說，「方言字」可以指一切非本字而言，其中包含了「可能」為本字之字，當方言詞彙中找不到本字，或本字不如方言字來的通行時，就會選取一個適當的字來代表。

歷史上對於未知源流之方言字，其來源有可能為借自其他未知的語言，或來自未有文字的民族，因為「未知」，所以就有可能將這種「未知」的字從漢語的文字系統中，選取一個符合方言的音義，或稍加變更，成為方言的特殊用字。有關非本字的思索，則可參考羅肇錦（1998），其中提供了方法來選取方言字。

以下的方言字分析，筆者除了參考詞書或他人常用字之外，主要還是以依據《廣韻》、《集韻》等韻書來詮釋方言字的形成與發展。

【𠊎ŋai¹³】──「𠊎」為「我」的俗字，屬於客方言的特殊詞，推測此字應是從客方言音中，依形音而造出，為俗字。李如龍、張雙慶（1992：514）有關「𠊎」的解釋：「客家各點都說ŋai²、ŋai¹ 或ŋa²，俗寫為𠊎，實際上本字

〔註26〕見《廣雅疏證》【釋親】，頁 772。

是我，歌韻字少數保留古讀 ai，尚有大讀 tai^5，可作旁證。」「我」在外形上，會隨著方言的差異而產生變化，因此在書寫上易改用他形來替代，也就推動了「造字」並成為「音轉」之方言字，此種音轉便體現在字形和字音上。

此字較特殊的是調類上的變化，調值「13」非歸豐順話的主調類，此種聲調現象，究竟是詞彙擴散殘餘之例外？還是方言接觸影響所導致？抑或其他因素而產生？照常理，第一人稱是基本核心詞彙，不太可能成為詞彙擴散殘存之例外，那麼，對此非正常聲調的現象我們又該做何解釋呢？我們先看人稱代詞在客語的情形：

人稱—中古音	四　縣	海　陸	新屋豐順
偓（我）—次濁上	ŋai^{11}（陽平）	ŋai^{13}（上聲）	ŋai^{13}（？）
你—次濁上	ni^{11}（陽平）	ni^{55}（陽平）	ni^{55}（陽平）
佢（他）—全濁平	ki^{11}（陽平）	ki^{55}（陽平）	ki^{55}（陽平）

「佢」字聲調演變符合客語常態，「你、我」按中古音的演變，在客語中非讀上聲即陰平，或讀成去聲，少有陽平。李榮（1985：100～102）從不同的方言考證出「代詞讀音互相感染」的現象，而使得人稱代詞的調類易趨於一致。若如此，四縣「偓、你」反與「佢」的聲調趨同（多數向少數靠攏），又，新屋海陸及豐順的「偓」照理會與「你、佢」的聲調趨同才是，但卻沒有，且豐順的「偓」反而自成一聲，這種種的現象反而呈現了「逆流」，而非「順流」。唯一可能的解釋是，代詞的讀音容易相互感染，除了來自於自家方言的代詞外，也容易受其他方言代詞的相互感染。

【姏pu^{53}】——或作「晡」。此字普遍用於客語的「～娘」（老婆）；「～娘人」（老婆、女人家），為客方言的特殊詞。此字未見於《廣韻》或《說文》，但見於《集韻》：「～，女字。滂模切。」（p.84）可能是由「晡」字演變而來的。《客方言》中，羅翽雲從音韻入手，認為「晡娘」為婦女之變聲，所持理由為：「古婦讀重唇音……與女今讀皆入疑母，亦雙聲相轉。」（p.305）這或雷同可採信。另外，從方言地區對「女人」或是「老婆」的命名中，分別有「細妹人」、「婦人家」、「煮飯人」等等，均偏較低下意味的稱呼，而「晡」為「申時」之意，申時在傍晚，通常又是女人家煮飯的時間，舊時也或有以「～娘人」來泛稱煮飯的女人，可說是「婦」之音轉成「晡」。因此其演變從「婦」到「晡」，再成方言字「姏」。

　　【稰 p'u⁵³】──「舂～」，即「舂臼」，為舂米之工具。《集韻》:「～，大豆也，一曰稽也。滂模切。」(p.84)此字與五穀有關，筆者將其借過來用在「舂～」一詞，算是音合義通。

　　【牠t'o⁵⁵】、【豚 t'un⁵⁵】──《廣韻》:「牠，牛無角也。徒和切。」牛無角也就是牛未長大。又:「豚，豕子。徒渾切。」即小豬之意。此二字之古義已不用在半大或小的牛與豬身上，但其意義卻轉移到雛雞、雛鴨、雛鵝而分別有「雞牠」、「鴨牠」、「鵝豚」〔註27〕的說法。

　　【嬤ma⁵⁵】、【牯 ku¹¹】──「嬤」本義可能從廣州音「ma¹¹」祖母意而來，客話將其借入而變成雌性的代表，如「豬～」、「雞～」等〔註28〕，或帶有雌性意，但有貶稱意的，如「鶴佬～」(姘婦)，抑或演變成無意義之後綴詞，如「伯勞～」(伯勞鳥)、「蟲～卵」(玄孫女)、「蟲～子」(玄孫)，成為特殊之客方言字；另有羅翽雲《客方言》(p.525)將「嬤」視為雞母、豬母之「母」字聲變而來。「牯」，其原意意指「牛」而言，如《廣韻》:「～，牛。」(p.266)《玉篇》【卷下‧牛部】:「～，姑戶切，牝牛。」牯，在《玉篇》中則意指母牛，後來演變為去勢之公牛亦稱做「牯」，因而客話常以「牯」泛稱雄性之牲畜，如「牛～」(公牛)、「狗～」(公狗)等等，另有「石～」之「牯」則演變成無意義之虛詞。

　　【煉lat⁵】──「飯～」，鍋巴意。《集韻》(p.689)有收此字，為「火貌」意，算是借義過來成音合義通之字。

　　【踭tsaŋ⁵³】──《集韻》:「足筋，甾莖切。」(p.236)依李如龍(1992:495)的解釋:「腳跟，客贛多說腳～。」應屬客贛之方言字。

　　【簵 lu¹¹】(籚)──刷子之通稱。若其起源為竹製品，字之本義為從竹而來，且其義延伸為「刷子」意，如《說文》:「籠籚也。從竹路聲。洛故切。」音合義通；若其起源為金屬製品，方言字或用「鑢」字，此字有「磨」之意〔註29〕，義或可通，但音不合，如《說文》:「鑢，錯銅鐵也。從金慮聲。良據切。」

8.3.2.3　「嘴、喙」釋疑

　　「嘴」與「喙」(二字在豐順方言音 tʃoi¹¹或 tsui¹¹，均上聲)究竟哪個代表禽

〔註27〕在當地豐順腔，雛鵝無「鵝牠」，雛雞、雛鴨則無「～豚」之說法。
〔註28〕參考羅肇錦(1998:410)。
〔註29〕參見李榮(1985:118)。

類的嘴，哪個代表獸類的嘴？長期以來似乎是方言字的爭議。羅肇錦（1998：390）提及其區別如下（所標為四縣之音韻）：

〔嘴〕：上聲，禽類的嘴，念〔tsui³〕。

〔喙〕：去聲，獸類的嘴，念〔tsoi⁴〕。

「嘴」本作「觜」，古字作「紫」。《說文》對其定義為：「觜，鴟舊頭上角觜也」延伸指鳥嘴而言。但王力（1980：490）以為「這是從字形上來傅會，未必可信。」反而認為「觜」在東漢時，已兼指「鳥嘴」和「人嘴」。如：《廣雅·釋親》〔註30〕：「紫嚼喙，口也」「紫」當為「觜」字，足見在當時「觜」確已兼指「鳥嘴」和「人嘴」了。

古籍中可見「喙」或做鳥口，或做獸口，抑或口之通稱，如：

《詩·曹風·候人》〔註31〕：「維鵜在梁，不濡其咮」〔注〕：「咮，喙也」又：「鳥口也」

《一切經音義·七》：「鐵喙」〔注〕：「獸口曰喙」（p. 309）

《說文》：「喙，口也」

二字從意義上論證均可通，但從《廣韻》上的字音推敲，「喙」卻較符合客方言人嘴之去聲音，如〔註32〕：

觜：止合三上紙精，即委切。上聲。

喙：蟹合三去廢曉，許穢切，又昌芮切。去聲。

《廣韻》有「觜、喙」而無「嘴」，《集韻》則兼有之，再加上上述所論，筆者以為「嘴」字是後期才出現的字，雖說「觜」是其本字，但隨著字形的演變，其意義也會跟著演變，且「嘴」已逐漸取代「喙」成通行字，實兼「觜」與「喙」之音義。另外，從「喙，從口彖聲」，且「彖」之本義與豬有關，或許古人為避字形，「嘴」就更能代表泛指口之意了。這是筆者的另一推測，姑且參考之。

8.3.2.4 「頭牲」釋疑

「頭牲」為泛稱雞、鴨、鵝等尚未煮熟的牲畜。此一詞彙或有作為禁忌中的委婉語「投生」一說，依徐兆泉（2001：553）辭書上的解釋為：「人們

〔註30〕見《廣雅疏證》【釋親】，頁767。
〔註31〕見《十三經注疏》【毛詩正義】，頁556。
〔註32〕參考廣文編譯所編《國音中古音對照表》。

殺雞鴨，為減輕罪孽，在殺雞鴨時，唸些語詞祝其早日投生。」但筆者以為「投生」二字之音剛好符合「頭牲」（抑或「頭生」）二字，其意義當有更早之來源。

　　王力（1980：560～561）提到在上古時期，「生」字有兩個主要意義，一為「生育」、「生子」的「生」，另一為「生死」的「生」。但他認為「生」字在最初可能只有「活著」的意義，之後才引伸出其他義；甚至「生熟」的「生」也是由「活著」的意義而來的。「古人獵得的鳥獸，只要還沒有燒熟，無論已殺未殺，都叫做「生」（「牲」也就是生的獸類）。」因此客語的「頭牲」等同於「頭生」，意義上亦符合；至於「頭」字為計算牲畜之單位，在客家話中仍有以「頭」來做為牲畜的量詞稱法。

　　《周禮・天官庖人》〔註33〕：「庖人：掌共六畜、六獸、六禽。」〔注〕：「始養之曰畜，將用之曰牲，膳夫共王之膳羞，即是將用之，故言牲。」《說文》：「牲，牛完全也。」〔段注〕：「引伸為凡畜之稱。」可見得至段玉裁時「牲」已引伸為畜之通稱了。「牲」字意義演變至今客語中，無論有無燒熟均可為「牲」，但要視其衍生的詞彙而定，由「牲」字衍生的詞彙義項及其意義有以下幾種：

　　1. 頭牲 t'eu⁵⁵ saŋ⁵³：泛稱雞、鴨、鵝等尚未煮熟的牲畜，若已煮熟則不以「頭牲」稱。

　　2. 畜頭牲 hiuk⁵﹥² t'eu⁵⁵ saŋ⁵³：指畜養雞、鴨、鵝等牲畜。

　　3. 牲儀 sen⁵³ ni⁵⁵：「牲儀」與以下的「三牲」、「湊牲」之「牲」字代表牲已熟，「牲儀」則表示以牲口準備的祭品。

　　4. 三牲 sam⁵³ sen⁵³：三牲為祭品，包括二肉一素或三肉，一般為整隻全熟的雞、鴨，以及豬肉三種。

　　5. 湊牲 ts'eu¹¹ sen⁵³：在「牲儀」或「三牲」上加上一些附屬的祭品，就叫「湊牲」，如，乾魷魚，若附屬的祭品體積小者，多以三為數以表多之意，如，三顆蛋、三塊豆干、三條香腸等。

　　故「頭牲」應由「頭生」而來，並非委婉語，而「頭牲」之「牲」（「生」）還帶有原始意義「活著」之意。其中「牲」白讀為「saŋ⁵³」，此代表更早之讀音，與文讀「sen⁵³」相應，其音義上亦相互有分別。

〔註33〕見《十三經注疏分段標點》，頁146～147。

8.3.3　小結

　　文字或詞彙經由組裝後，可以表達令人訝異卻又活潑生動的句子與意涵，並且，真正的語意內涵必須藉由上下文的語境才能如實的反映出來，而不同的方言間，各自有其豐富的語言詞彙表達形式，其表現出的詞彙意義本身就有很大的延展性。而這種延展性能否在方言中適當且持續運用，卻值得深思。

　　由本節說明中，有關詞彙意義、方言字的形成及其詞義發展的關係，大致可引出以下六小點作為小結：

　　1. 方言詞彙與意義之間的關係，具有相當大的穩固性，但也富有很強的延伸性。

　　2. 古代沒有而後代方言才產生的詞義關係，當然就需要有新的詮釋方法，如上述的「駱駝」，依語境的不同而有不同的意義呈現。

　　3. 方言詞彙雖然穩定，但還是有變化，如方言字的形成與發展。

　　4. 方言字的形成與發展，與其意義之間，通常有一定的關聯性。

　　5. 方言字的形成有其地域性與特殊性，如「婄、嫲」等為客方言之特殊方言字。

　　6. 透過詞彙意義的探究，可瞭解詞彙所反映的方言文化。

第九章　方言特色

9.1　音系特色

9.1.1　音系特色

　　音系特色，以下列出與一般客語（四縣、海陸）不同，且與多數的漢語方言相較下，較有特色者：

　　1. 在新屋豐順話，中古莊、知、章系聲母 tʃ-、tʃʻ-、ʃ-與 ts-、tsʻ、s-大部份成無定分音，與精系聲母 ts-、tsʻ、s-則成對立。同樣的情形亦出現在當地的海陸話及四縣話之中，此種現象顯示客語的 tʃ-、tʃʻ-、ʃ-與 ts-、tsʻ-、s-有合併的趨勢，抑或完全成為無定分音，抑或只剩存少數特定之字成對立。

　　2. 中古溪母字 kʻ-聲母豐富。部份聲母於豐順話讀成 kʻ-的，在海陸話、四縣話則多讀成 f-或 h-；另外，在湯坑讀成 kʻ-的，在新屋豐順亦多讀成 kʻ-，但這部份觀音豐順則讀成 f-或 h-。

　　3. 受到語言接觸的影響，導致方言本身的音韻與強勢方言的音韻形成疊置式的音變現象，即同一字的音韻同時兼有兩種音韻之說法（詳見以下 9.3 說明）。

　　4. 中古蟹攝開口 e 韻豐富。在海陸腔，中古蟹攝開口多讀成-ai 或-i 韻，這一類字在新屋豐順多讀成-e 韻。

　　5. /e/、/eu/、/em/、/ep/四韻在拼舌根塞音/k-/、/kʻ-/時，[e]、[eu]、[em]、[ep]分別與[ie]、[ieu]、[iem]、[iep]成無定分音。因舌根音在拼帶有前高元音

/e/時，在前高元音之前往往會產生過渡音[i]，因此本文音位化成/e/、/eu/、/em/、/ep/。例：雞[ke^{53}]～[kie^{53}]、狗[keu^{11}]～[kieu^{11}]、撳[k'em^{55}]～[k'iem^{55}]、激[kep^2]～[kiep^2]。

6. 常見的「犯、法、范」三字的韻尾分為-m、-m、-p，當一字的聲母和韻尾都是唇音時，就容易產生異化作用而分別成為-n、-n、-t。此種現象在新屋豐順客話中，此三字並未產生異化作用，就連「犯法」二字連讀時為「fam^{11} fap^5」，並無異化，此反而為其特色之一。

7. 大部份的漢語方言系統共有的「濁上歸去」重要的音變現象，在新屋豐順則呈現了與閩西客語較相近的「濁上去歸上聲」走向，甚致有更複雜化的傾向，如：古清上、清去、濁上、濁去均有歸上聲的；古濁上、濁去亦有歸去聲的，抑或上、去聲有成無定分調（11～33）的走向（詳見下節9.1.2）。

9.1.2 新屋豐順腔古上去聲的分合條件

中古的平上去入四個聲調因聲母的清濁不同，在漢語的方言系統中，各依自身的語音變化規律，而分別有不同的演變方向，其中大部份的漢語方言系統則共有「濁上歸去」的重要音變現象，但也有一部份客語次方言往不同的方向演變，如閩西客語系統的「濁上去歸上聲」，而在新屋的豐順腔亦有相似的演化情形，甚致有更複雜化的傾向，以下擬針對這樣的一種現象做一探討。

9.1.2.1 引言

在漢語方言系統中，如臺灣的客四、客海、閩南、華語等，「濁上歸去」是一個很重要的音變現象，但在新屋的豐順腔中，其古上聲與古去聲，無論清濁大部份有合併的情形，因此在歸併調類時，一般是可選擇歸上聲調或歸去聲調，而筆者選擇了前者的作法，此一來符合客語普遍有上聲調的聲調系統，另外，高然（1999：78）亦將豐順湯坑客方言分為六調，其中古清上和清去合併成上聲，古濁上和濁去合併成去聲，新屋豐順亦是如此不過卻更加複雜些，有三種變化情形，分別為1.古清上、清去、濁上、濁去均有歸上聲。2.古濁上、濁去亦有歸去聲。3.部份上、去聲成無定分調（11～33）；此外，古濁上或清去歸上聲的情形，亦出現在客語的其他次方言，如：五華〔註1〕、

〔註1〕五華方言參見袁家驊（2001：164）。

秀篆詔安〔註2〕等，又如，饒平及觀音豐順亦屬清去歸上聲〔註3〕，此同於新屋豐順；新屋豐順在某些語音系統上反而較接近閩西客語（寧化、清流、長汀、連城、武平、上杭、永定等），其中「濁上去歸上聲」即為閩西客語的特色之一〔註4〕，而不屬於廣東系統（惠州、梅州的部份地區）。

畢竟，語音的演變在各地有不同的速度和方向，以下就針對上述所提的，來看看古上去聲的演變，在新屋豐順腔的分合為何？以及它和閩西客語及其他相關方言的關聯性！

9.1.2.2 新屋豐順腔與相關方言聲調系統的關係

為什麼新屋豐順腔的古上去聲走向看似較複雜，與四縣、海陸客方言的走向不同呢？或許這和它是偏閩西客語系統有關，與四縣、海陸腔的廣東系統是不太一樣的。雖然豐順縣屬於廣東省，但它與潮州、漳州系列的語音有密切的關聯，在臺灣又長期接觸四縣、海陸腔，以致於在聲調的分化上更不一致。以下便從當地海陸腔的聲調比較中，來看新屋豐順與一般客語的不同處，並從語音及詞彙上分析與閩西客語的關係，以便瞭解其古上去聲分合條件的背景。

（一）與廣東客語系統的區別

廣東客語系統以海陸腔為例，其古上去聲走向差別如下，黑體字者為其差異所在（配合【表5.8】新屋豐順和海陸話字調對照表）：

【表9.1】新屋豐順客話古上去聲的分化

古調類	古清濁	例　字					豐順調類	海陸調類
		唇	舌	牙	齒	喉		
上聲	清	普	鳥	臉			陰平 53	陰平 53
		扁	短	古	走	襖	上聲 11	上聲 13
		粉	丑	口	草	好		
	次濁	武	女	五	耳	遠		
		覽	**蟻**	**染**				陰去 11

〔註2〕秀篆詔安方言參見李如龍、張雙慶（1992：5）。

〔註3〕參見徐貴榮（2002）、溫秀雯（2003）。

〔註4〕參見藍小玲（1999：61）。

去聲	清濁	例1	例2	例3	例4	例5	豐順腔	對應
		奶					陰平 53	
		買	暖		軟	有		陰平 53
	全濁	辯	弟	臼	坐	旱		
		被	丈	斷		上		
		父	動	件	柿	亥	去聲 33 部份字兼讀 11	陽去 33 部份字兼讀 11
		婦	弟		淨	後		
		罷	道	舊	社	可	上聲 11 古上聲全濁字 部份字兼讀 33	
		婦	渡		淨	後		
				近	鱔			陰平 53
		脾	社			蟹		上聲 13
		笨腐			善紹	混		陰去 11
去聲	清	放	對	蓋	帳	愛		
		騙	透	看	唱	戲		
		片	斷	假				上聲 13
	全濁	便	大	櫃	樹	晝	去聲 33 大部份字兼讀 11	陽去 33 部份字兼讀 11
		飯	袋	共	壽	下		
	次濁	麵	路	外	二	芋		

（二）與閩西客語系統的關聯

1. 閩西客語系統古上去的分化

豐順腔與前面提過的五華及詔安客話，其古上聲的分合承同一系統，均非屬「濁上歸去」，五華語音與梅縣、平遠不屬同一派，與大埔、興寧屬同一派〔註5〕，亦即屬潮州、漳州的閩西系統〔註6〕；秀篆詔安亦偏閩西系統，屬上杭、武平的濁上去歸上聲系統。

2. 古溪母字 k'-的演化

豐順縣在歷史上曾分屬潮州府及梅縣管轄〔註7〕，不過從古溪母字 k'-的演化上看則較偏閩西系統。

經由學術的研究，證實「贛南閩西的客家話才是客家話最近的源頭」〔註8〕，其中之一的特點便是溪母字的讀音保留中古的次清 k'-。在閩西客

〔註5〕見袁家驊（2001：166）。
〔註6〕見羅肇錦（2000a：126）。
〔註7〕見高然（1999：73）。
〔註8〕見羅肇錦（2000b：2）。

語及接近閩西的大埔、饒平客話，溪母字（如：溪、褲、糠、苦、殼……
等）都唸中古牙音次清 k'-，但這些字在梅縣話卻唸成喉清擦音 h-或之後演
變的唇齒擦音 f-。〔註9〕這一類的字在臺灣四縣及海陸腔也大都唸成 h-或
f-，但在新屋豐順腔則大多唸成 k'-，此亦同於閩西系統的特色之一。

　　3. 精、莊、知、章的分合

　　羅肇錦（2000a：126～127）透過精、莊、知、章聲母的比對，指出閩西
客、漳州客、惠州客、五華興寧等，都保有兩套齒音（ts-、ts'-、s-與 tʃ-、tʃ'-、
ʃ-）。而豐順腔也帶有兩套齒音，可見方言中有兩套齒音的現象，多集中於閩
西客語區或近於閩西客語之地區。

　　4. 詞彙的關聯

　　在詞彙上，有部份詞與閩西系統較符合，而不屬廣東系統，如新屋豐順
的「痛」說「疾（惻）」不說「痛」，這是閩西漳州系統；「米湯」叫「糜飲」；
「筷子」叫「箸」;「河」不叫「河」而叫「溪」等，都與廣東系統不太一樣。
從詞彙的比對上，亦可清楚廣東客家話在潮州的部份（含豐順），亦屬閩西系
統〔註10〕。

9.1.2.3　古上聲的分化

　　客方言古上聲的分化，一般常見的有歸上聲、去聲及陰平，在新屋豐順
則一樣的歸上聲、去聲及陰平，不同的是在古全濁上聲字的歸屬，較不同於
四縣、海陸腔，以下配合【表9.2】分別敘述之。

【表9.2】新屋豐順客話古上聲的分化

豐順今調類 古調之演變條件		陰平 53	上聲 11	去聲 33	去聲兼上聲 33～11
古上聲	清	普鳥瞼	扁短古走		
	濁　次濁	買暖軟有奶	女五耳遠覽		
	全濁	弟臼坐旱	肚蟹舊社	父動弟柿	婦淨後盡

（一）古清上的分化

　　1. 古清上今讀陰平——例：「普、鳥、瞼」等字。同當地海陸腔的演變。

　　2. 古清上今讀上聲——例：「扁、短、古、走」等字。同當地海陸腔的演

〔註9〕參見羅肇錦（2000a：126）。
〔註10〕參見羅肇錦（2000a：222～223）。

變。

（二）古濁上的分合

1. 古濁上今讀陰平——例：「買、暖、軟、有、**奶**、弟、臼、坐、旱」等字。其中「奶」不同於當地海陸，餘演變相同。

2. 古濁上今讀上聲——例：「女、五、耳、遠、**覽**、肚、蟹、**舊**、**社**」等字。其中「覽、舊、社」不同於當地海陸，餘演變相同。

3. 古全濁上今讀去聲——例：「父、動、弟、柿」等字。同當地海陸腔的演變。

4. 古全濁上今讀去聲並兼讀上聲——例：「**婦**、**淨**、**後**、**盡**」等字。部份字同於當地海陸腔的演變，但不同於新竹海陸腔成陽去、四縣腔成去聲的演變。

今讀上聲字的，大致上來源於大部份的古清上、全濁上及部份的古次濁上。較不一樣的是，部份的全濁上聲字，如「舊、社、婦、淨、後、盡」在四縣腔讀成去聲、海陸腔讀成陽去的，但在豐順腔會讀成上聲，甚至上、去成無定分調，這類的字為數不少，令筆者疑惑的是導致這類字成無定分調的走向，其原因筆者認為有兩種可能：

（一）豐順腔原無去聲調（調值 33），受到當地海陸腔的影響而產生。

到底豐順腔的陽去調是已有存在的呢，還是依語流的系統性變化而產生的呢？至今仍是一個疑惑。不過在高然（1999）所調查大陸原鄉的豐順腔，含去聲調亦有六個調類，若新屋豐順腔的去聲調原屬上聲調，那麼在聲調系統上就只有五個調類，較不符合系統性，不過各地豐順腔的聲調演變是不太一樣的，而去聲調的調值差異也甚多。

（二）豐順腔原是有去聲調的（調值 33），但受到四縣腔陽平調（調值 11）或海陸腔陰去調（調值 11）的影響而變低，成為部份字兼有上聲與去聲二調類。

這一類字的聲調從中古演變至四縣是讀成去聲，四縣的聲調系統無調值 33，且新屋豐順的去聲對應到四縣為去聲，對應到海陸為陽去，若豐順的陽去（調值 33）不見了，以其聲調呈「海陸腔化」的特徵來看，故其最有可能的走向便是海陸的陰去，即調值 11。

當地雖是海陸腔方言區，但四縣腔在此地的勢力亦不小，故豐順腔也可能受到四縣腔聲調的影響而產生變化。豐順腔的去聲調與當地海陸腔的陽去

調調值相同，算是個不穩定的調值，容易受影響，但去聲調的來源卻很集中在古全濁上聲字，在古清上演化而來的上聲字卻大多不會與去聲成無定分調。較可能的解釋是，豐順的去聲調或海陸的陽去調較四縣的聲調系統而言，是各自往不同的演化路線走的，在臺灣的蕞爾小島中，因各語言的接觸頻繁而導致聲調上容易產生模糊不清的界限。而這種成無定分調的情形亦出現在新屋海陸腔的陽去調（調值 33）與陰去調（調值 11）之間。

客家方言區別於其他方言的重要特點之一即為「古上聲的次濁聲母及全濁聲母字，有一部份今讀陰平。」〔註 11〕此特點在新屋豐順腔亦存在，另外讀成陰平的還有少數的古清上字（如：普、鳥、瞼）。但在客語四縣及海陸腔，部份次濁上讀成去聲的，有些在新屋豐順腔則分入至陰平（如：「奶」）或上聲（如：「覽」）。

9.1.2.4 古去聲的分化

客方言古去聲的分化，最常見的就是「濁音清化」，也就是古清去仍讀清去，而古濁去則歸去聲（四縣腔）或陽去（海陸腔），但在新屋豐順大部份的古清去則歸上聲，而濁去雖歸去聲，但和上述一樣，在四縣腔讀成去聲、海陸腔讀成陽去的，如「便、大、櫃、樹、畫」，在豐順腔或讀成去聲，但大部份這類的字，上、去聲亦會成無定分調，以下配合【表 9.3】更能清楚古去聲的走向。日後此方言會不會成古去聲全讀上聲，以及海陸腔的陽去會不會歸陰去成去聲，都是值得再觀察。

【表 9.3】新屋豐順客話古去聲的分化

豐順今調類 古調之演變條件			上聲 11	去聲大部份兼讀上聲 33～11
古去聲	清		放對蓋帳愛	
	濁	次濁	（麵路外二芋）	麵路外二芋
		全濁	（便大櫃樹畫）	便大櫃樹畫

1. 古清去今讀上聲──不同於四縣、海陸腔，但同於饒平、詔安客話，以及同於大陸湯坑豐順及觀音豐順。

2. 古濁去今讀上聲兼讀去聲──部份字同於當地海陸腔的演變，但不同

〔註 11〕見黃雪貞（1988：241）。

於新竹海陸腔成陽去、四縣腔成去聲的演變，亦不同於饒平、詔安、大陸湯坑豐順及觀音豐順客話。

9.1.2.5　小結

由以上歸結，新屋豐順腔真正的去聲字其實為數不多，可說它的去聲字幾乎完全快與上聲合流了，相對的它的上聲字的來源就較為複雜些，有來自大部份之古清上及古全濁上、部份之古次濁上、古清去，以及大部份之古全濁、次濁去。歸究其原因，除了與方言本身內部的聲調系統演變有關外，另一方面主要是受到當地四縣及海陸腔的方言接觸影響有關。

最後舉藍小玲（1999：58）在《閩西客家方言》以宋詞為例，並舉籍貫江西臨川人晏殊之詞作參照，來分析現代客語的聲調特點做為本節小結，其中藍小玲指出「現代客方言的濁上、濁去歸清上、或濁上濁去歸清去，或清上、清去合，濁上、濁去合，居然都能在這些詩詞中找到，正可說明客語的演變是有所承的。」而這些情形在新屋豐順腔也能一一對應，如：清上、清去、濁上、濁去均有歸上聲的；濁上、濁去亦有歸去聲的，可見，新屋豐順腔古上去聲的演變有所承亦頗為複雜。

9.2　詞彙特色

9.2.1　詞彙特色

1. 「仔」綴詞之有無。新屋豐順一律無「仔」後綴詞，普遍亦無「仔」中綴詞，但仍保有「嫲、卵、婆、牯、哥……」等本有意義，派生成無意義之詞綴。

2. 詞形之不同。新屋豐順有一批不同於新屋海陸的詞彙特色在（參考 6.1 節，或以下 9.2.2 說明）。

3. 受到語言接觸的影響，導致方言本身特有的詞彙與強勢方言的詞彙形成疊置式的詞變現象，即一詞彙名稱同時兼有兩種詞彙之說法（詳見以下 9.3.2.4 及 9.3.3 說明）。

9.2.2　特殊詞彙

一般，我們在說某方言特殊詞彙時的認定，大都與通行腔（漢語以華語或其他漢語方言以閩、粵等為主，客語以四縣或海陸腔為主）比較後，得出

有差異的部份，就可能歸為特殊詞彙，以下以新屋豐順與華語及一般客方言相較後，比較不一樣的舉「簾箅」與「偷」二詞做深入說明；另外，與四縣或海陸腔相較後，列出差異較明顯的詞彙：

1. 「簾箅 liak² fu⁵⁵」

「簾箅」，在豐順話中為特殊之詞彙，意為淺邊平底無孔的圓形竹器，用途很廣，可曬菜乾、菜籽、綠豆、紅豆之類的；亦可將垃圾之雜物簸離開來；或用於製粄。此地豐順客話「簾箅」有分「大簾箅」、「細簾箅」（細，小之意），而「細簾箅」又可稱為「簸箕」（其中簸箕又分圓形及四角的）。在一般的四縣及海陸客方言中，則不見「簾箅」之說法，而為「毛籃」，且「毛籃」與「簸箕」在當地的四縣及海陸腔，指稱不同之器具。

對於此詞的來源並不確定，且此詞少見於一般的詞書，也未見於古籍，可能為「歷」之形聲字，因取其象聲有「liak」之狀聲詞意。《客英大辭典》中只列「簾」一字，對其解釋為「大而圓的竹編器，可用來曬穀等等功能，也叫「毛籃」（筆者譯）。另外，《漢語方言大詞典》〔註12〕亦收錄「簾」一字，其意同，註明的方言點則為位於福建的福州、沙縣、將樂、順昌等地，若字為豐順話的借入詞，則較有可能是來自於福州話[liaʔ₃]。但未見「簾」與「箅」合成的「簾箅」一詞，也未見於西南少數民族語中（也許需要比對更多其他之語料來證明），筆者依《廣韻》:「箅，織緯者。芳無切。」筆者以為「箅」有藤編成經緯狀之意，音義上亦可通，故以此字表示成「簾箅」，並視為此方言不同於其他方言的特殊詞彙。

2. 「偷 tʻeu⁵³」

起床、起來，客家各地多說「跣床」、「跣起來」，在新屋豐順話為「好偷」、「蹶偷來」、「跋偷來」，「偷」音「tʻeu⁵³」有起床的含意，並有起身意。《豐順縣志》（p. 932）所列起床一詞為「投起 tʻeu²¹kʻi⁵³」，兩者字形「偷 tʻeu¹」與「投 tʻeu⁶」在聲韻義上相同，但調類不同，而此詞義未見於一般之詞書中，也未見於西南少數民族語中，因此其來源頗為可探討，也許需要比對更多的語料才能更確認其源流。

羅翽雲《客方言·釋言》:「休息曰偷」「今人困備之餘苟避于事少為休息曰偷一下」（p.98）。新屋豐順之「偷」或有取反義，意謂休息夠了就該起來了，

〔註12〕見《漢語方言大詞典》，頁 4893～4894。

其字源或非屬真正之來歷，但此詞之用法不同於一般的方言用詞，故在此暫歸為此方言之特殊詞彙。

3. 其他詞彙

另外，與四縣或海陸腔相較後，列出差異較明顯的詞彙如下：

華語詞義	新屋豐順	海陸〔註13〕	新屋豐順詞彙補充說明
遠足	en^{13} sok^5 k'u^{11}	遠足	借自日語
紅蘿蔔	lin^{13} ʒin^{53}	紅菜頭	借自日語
毛巾	身帕	洗身帕	「洗身帕」（毛巾）se^{11} ʃin^{53} p'a^{11} →「身帕」sen^{11} p'a^{11}。第二字省略聲母與韻母之主要元音，與前字相結合成/sen^{11}/，聲調隨前字。
過世	人死	人老	不避諱稱「人死」之說法
月桃花	月桃	枸薑	可能借自閩語
腳瘦長意（用於女子）	火鉗腳	白鶴腳	
牛鼻環	牛紮鼻	牛鼻紮	詞序不同
牛鼻環	牛銅鼻	牛鼻紮	
甘藍菜	包菜	玻璃菜	可能借自福州話
纏腳布	包脚嫲	脚帕	命名及後綴不同
石頭	石牯	石頭	後綴不同
石磨	石磨	磨石	詞序不同
曬穀場	禾坪	禾埕	
稻草繩	禾稈縛	禾稈索	繩子在此詞彙中，不稱「索」而稱「縛」
天窗	光窗	天窗	
米漿	米奶	米漿	漿製品不稱「漿」而稱「奶」
伯勞鳥	伯勞嫲	伯勞仔	後綴不同
豆豉	豆醬	豆豉	可能因忌諱，不稱「豉」而稱「醬」
捏麵人	泥人公	泥嬲仔	
鹹魚一種	油塭	塭魚	煎此種魚時會產生很多油而稱之

〔註13〕新屋有些村落，其詞彙或有兼讀而與豐順腔同，如「月桃」、「石牯」、「包菜」等，此處僅列舉其相異者。

南瓜	金瓜、黃瓟	黃瓟	受當地方言接觸影響而有兩種稱呼
涵洞	洞涵	涵空	
河蚌	蚌	哐敲仔	不因一般客語避諱而改變稱呼
竹掃把	祛齊	祛把	命名特殊
痛	惻	痛	命名特殊
掃把	稈掃	掃把	命名特殊
存錢	貯金	貯錢	
豐順縣	順豐縣	豐順縣	詞序不同
高粱	黍	高粱	命名特殊
桑椹	桑（酸）	桑仔	命名特殊，同於芒果之命名
曾孫	蠱嫲	蠱仔	命名特殊
曾孫女	蠱嫲女	蠱仔	命名特殊
玄孫	蠱嫲子	蠱嫲	命名特殊
玄孫女	蠱嫲卵	蠱嫲	命名特殊
人生小孩	養細人	供細人	用「養」而不用「供」
豬產子	養豬	供豬仔〔註14〕	用「養」而不用「供」
毛筆	濕筆	毛筆	命名特殊
傍晚	臨暗頭、暗昏	臨暗仔	命名特殊
回娘家	轉外家	轉妹家	
蜻蜓	囊尾	揚尾仔	命名特殊
桑椹	蠶籽	桑仔	命名特殊
鋤頭	钁鋤	钁頭	後綴不同

9.3 從方言接觸看新屋豐順客話之變化──兼論新屋的多方言現象

9.3.1 多方言現象

臺灣是一個多語、多方言的語言生態區，雙語（多語）或雙方言（多方言）現象普遍存在於各小型地域當中，隨著人與人之間的頻繁互動，社會、

〔註14〕「供豬」一詞或有歧義為「餵食」意，但此處筆者所調查的為「山生、生產」之意。

文化、民俗等等活動的密切關聯，而使得各種語言因接觸頻繁而產生或大或小的衝擊與變化。羅肇錦（2000：14）指出客家語言的隱憂：「語言從危機到消失只有三代：這一代是我們的話，下一代是阿爸的話，第三代是阿公的話，再下去就變鬼話。」語言流變之快速，非少數人力可掌控。

在學術界上，對雙語、多語（雙方言、多方言）的界定，似乎還沒有取得一致性的看法，也有以多語（雙語）泛括多方言（雙方言），在此僅列舉《中國語言學大辭典》中的定義做為參考。所謂的雙語、多語現象指的是：「某個人、某個語言集團在不同場合交替使用兩種或兩種以上語言的情況。」〔註15〕此種現象可指華語、英語相互使用而言；多方言現象指的是：「同一社團的居民在日常生活的不同場合使用兩種或多種不同的方言現象。」〔註16〕此種現象可指漢語方言之間的相互使用。而本文所論的「多方言」除了含蓋不同的大方言——華語、閩南語、客語之外，亦包括客語之下的次方言——海陸話、四縣話、豐順話。華語為共通語，在此不納入比較說明，閩南語在此區影響力較小，故只舉少數比較。

新屋是個多方言並存的鄉鎮，因為語言接觸而導致各種方言產生了多樣性的變化，其中表現在音韻、詞彙上，不乏有疊置式的音變與詞變（overlapping sound and lexicon changes）現象，例如：「燒火」一詞之「燒」字，與「小學」一詞之「小」字，在當地客語分別有-eu、-au 兩韻疊置共存使用，而疊置式的音變與詞變現象也是當地「四海話」因方言接觸而產生的獨特的音韻、詞彙變化。本文主要以共時比較法來探討新屋地區方言之間的接觸變化，並以現代方言——豐順、海陸、四縣話三者之間做相互的對比，並加入其他相關方言的對比〔註17〕，例如，豐順話則另外對比觀音豐順話、大陸湯坑豐順話等，

〔註15〕見《中國語言學大辭典》（1991：601）。
〔註16〕同上，頁476。
〔註17〕本節相關方言語料參考來源以及敘述代稱：
　　　　呂屋豐順話（本文以「新屋豐順」稱之）——為筆者所調查。
　　　　新屋海陸話（本文以「新屋海陸」稱之）——為筆者所調查。
　　　　新屋四縣話（本文以「新屋四縣」稱之）——為筆者所調查。
　　　　苗栗四縣話（通行腔，本文以「苗栗四縣」稱之）——羅肇錦（1990）。
　　　　新竹海陸話（通行腔，本文以「新竹海陸」稱之）——羅肇錦（1990）、盧彥杰（1999）。
　　　　觀音豐順話——溫秀雯（2003）。
　　　　湯坑、八鄉、豐良、茶背豐順話——高然（1999）、《豐順縣志》（1995）。
　　　　在音韻比較時，若新屋海陸與新竹海陸同，或新屋四縣與苗栗四縣同時，則

以期比較方言可能之變化。除了方言的共時比較外，並利用「詞彙擴散」（lexical diffusion）〔註18〕理論，以及語音「對當」（correspondence）〔註19〕原理，討論在方言接觸下，音韻、詞彙的變化與類型，並由此瞭解方言間的相似點、相異點與互動情形，以及弱勢方言在當地方言接觸下所產生的變化。最後並對新屋地區的方言與「四海話〔註20〕」的關聯提出個人的看法。

9.3.2　音韻、詞彙的變化

9.3.2.1　聲母之分合

1. 中古知、章、莊系聲母 ts-、ts'-、s-與 tʃ-、tʃ'-、ʃ-多數字成無定分音。如表所示：

中古聲母	新屋豐順	觀音豐順	湯坑豐順	新屋四縣	苗栗四縣	新屋海陸	新竹海陸
精組	ts, ts', s	ts, ts', s	ts, ts', s	ts, ts', s	ts, ts', s	ts, ts', s	ts, ts', s
莊組	ts~tʃ, ts'~tʃ', s~ʃ	ts, ts', s	ts, ts', s	ts~tʃ, ts'~tʃ', s~ʃ	ts, ts', s	ts~tʃ, ts'~tʃ', s~ʃ	ts, ts', s
知組	tʃ~ts, tʃ'~ts, ʃ~s	tʃ, tʃ', ʃ	tʃ, tʃ', ʃ	tʃ~ts, tʃ'~ts, ʃ~s	ts, ts', s	tʃ~ts, tʃ'~ts, ʃ~s	tʃ, tʃ', ʃ
章組	tʃ~ts, tʃ'~ts, ʃ~s	tʃ, tʃ', ʃ	tʃ, tʃ', ʃ	tʃ~ts, tʃ'~ts, ʃ~s	ts, ts', s	tʃ~ts, tʃ'~ts, ʃ~s	tʃ, tʃ', ʃ

不再舉新竹海陸或苗栗四縣。

〔註18〕此理論最早由 Wang（1969）提出。參見何大安（1996：101）的解釋，所謂「詞彙擴散」是指：「當一種語音變化一旦發生的時候，這種變化，不是『立即』就施用到『所有』有這個音的詞彙上；而是『逐漸地』從一個詞彙『擴散』到另一個詞彙。」

〔註19〕參見何大安（1996：124）。通常方言間對共有詞彙的讀法是固定的，當表層有所差異時（即本文所指的疊置式音變與詞變現象），表示其中之一可能為方言的底層，另外之一可能是受其他方言接觸影響所產生的。

〔註20〕「四海話」最早由羅肇錦提出，參見《臺灣客家族群史》【語言篇】，頁234～239。以新屋當地的四縣話為例，其聲調是以四縣調為主，但聲母、韻母及詞彙卻有海陸話的特色；同樣在當地的海陸話，其聲調是以海陸調為主，但聲母、韻母及詞彙卻有四縣話的特色，此或稱之為「海四話」。而當地的「豐順話」則同時兼具海陸及四縣話的聲韻及詞彙現象。

　　從中古知、章、莊系聲母，ts-、ts'-、s-大多與 tʃ-、tʃ'-、ʃ-呈現無定分音的演變來看，再加上邪、崇、書母等聲母亦呈現多樣性的變化（參見【表5.2】），不難推知新屋的海陸、四縣、豐順，三者方言的舌齒音聲母有互為混合的現象，如「初、豬、樹」等字。

　　2. 中古溪母字 k'-、h-、f-的混讀。

例字	中古聲韻	新屋豐順	觀音豐順	湯坑豐順	新屋四縣	新屋海陸
口	流開一上厚溪	k'eu³，heu³	heu³	k'eu³	heu³	heu³
窟	臻合一入沒溪	k'ut⁷，fut⁷	×	k'ut⁷	fut⁷	fut⁷
殼	江開二入覺溪	k'ok⁷，hok⁷	hok⁷	×	hok⁷	hok⁷

　　「口、窟、殼」在新屋豐順有兩讀，但非文白異讀的情形，這一類字聲母的底層為 k-，很明顯的這是受到當地其他客方言的影響，而產生兩讀的現象。

　　3. ʒ-聲母的有無。

　　客話中，以/i/當韻時則帶有濁化現象，其中在新屋的海陸、四縣、以及豐順話，因濁化程度較高唸成/ʒ-/，這應該都是受當地強勢腔——海陸話的影響而來的；在苗栗四縣及湯坑豐順話則為/i-/。

9.3.2.2　韻母之分化

例字	中古聲韻	新屋豐順	新屋四縣	苗栗四縣	新屋海陸	新竹海陸
街	蟹開二平佳見	ke⁵³ kai⁵³	ke⁵³ kai⁵³	ke⁵³	ke⁵³ kai⁵³	kai⁵³
話	蟹合二去夬匣	fa¹¹ voi⁵³	fa¹¹ voi⁵³	fa¹¹	fa¹¹ voi⁵³	voi⁵³
抽	流開三平尤徹	tʃ'iu¹ tʃ'u¹	tʃu¹	ts'u¹	tʃ'u¹	tʃ'iu¹
燒	效開三平宵書	ʃeu¹ ʃau¹	ʃeu¹ ʃau¹	seu¹	ʃeu¹	ʃau¹
蕉	效開三平宵精	tseu¹ tsiau¹	tseu¹ tsiau¹	tseu¹	tseu¹	tsiau¹
眼	山開二上產疑	ŋan³ nien³	ŋan³ nien³	nien³	ŋan³ nien³	ŋan³

然	山開三平仙日	ʒen² ʒan²	ʒen²	ʒen²	ʒen² ʒan²	ʒa²
初	遇合三平魚初	ts'o¹ ts'u¹	ts'u¹	ts'u¹	ts'u¹	ts'u¹
笠	深開三入緝來	lep⁷ lip⁷	lip⁷	lip⁷	lip⁷	lip⁷

　　以「街」字為例，新屋豐順「街」字底層應為-e韻，出現在「街路」（街上）一詞，-ai韻只出現在「逛街」一詞。新屋四縣、海陸「街路」之「街」則兼有-e、-ai韻，「逛街」之「街」字只讀-ai韻，從文化層面的觀察，這顯現了一個傾向，「逛街」一詞或其他類似的詞彙，在當地具有很強的詞音結合關係。

　　中古流攝、效攝、山攝的部份字，在苗栗四縣與新竹海陸話中，呈現不同的韻母形式，但在新屋的四縣、海陸、豐順話中，除流攝在豐順話中有兩韻外，其他效、山攝的部份字在三種方言中也有兩韻。

　　以豐順話為例，豐順話環繞在當地的強勢方言——海陸話，一方面豐順話似乎還保留著與海陸話相異的韻母，部份卻又與四縣話相同，但另一方面其韻母又呈現著與海陸話趨同（convergence）的現象。而在當地的海陸話與四縣話，也因彼此的影響，部份字的韻母亦呈現著混合兩用的情形，故在此區，韻母方面的變化較為複雜，並有豐富的韻母形式。

9.3.2.3　聲調之滲透

新屋豐順、海陸、四縣話聲調比較表：

調　類	陰平	陽平	上聲	去聲	陰入	陽入
調　號	**1**	**2**	**3**	**6**	**7**	**8**
豐順調值	53	55	11	33	5	2
豐順例字	夫 fu	湖 fu	虎 fu；富 fu	父 fu	拂 fut	佛 fut
調　號	**1**	**2**	**3**	**5；6**	**7**	**8**
海陸調值	53	55	13	11 陰去；33 陽去	5	2
海陸例字	夫 fu	湖 fu	虎 fu	富 fu；父 fu	拂 fut	佛 fut
調　號	**1**	**2**	**3**	**5**	**7**	**8**
四縣調值	13	11	31	55	2	5
四縣例字	夫 fu	湖 fu	虎 fu	父 fu	拂 fut	佛 fut

從上表，我們可以很明顯的看出，新屋豐順與海陸話的聲調，似呈現著趨同的現象，對於這種調類與調值的高度吻合，筆者傾向於將新屋豐順話的聲調視為「海陸腔化」的特徵。

以新屋豐順話為例，其聲調受影響的主要有：

1. 上聲語流變調 11～13——

兼讀 11 與 13 調，例：五 $\eta^{11\sim13}$、兩 lioŋ$^{11\sim13}$。少數字會有此類聲調現象的產生，此應是受當地海陸話的上聲升調影響而產生的。藉由「詞彙擴散」，強勢的海陸話上聲調，無意中滲入了豐順話裡少數的基本詞彙中，而造成少數字中的新調 13 與原有的聲調 11 形成了一種「競爭」但「相安」的情形。

2. 陰陽入混讀——

在採集的語料中，發現在新屋豐順、海陸、四縣話中，各有些字兼讀陰陽入的，如豐順的「鹿、鐵、雀、角、惻、踏」等字，四縣的陰陽入調值，與海陸及豐順話是相反的，因此陰陽入混讀的情形，可能是受到彼此的影響而產生的。

3. 上、去聲的變化——

中古上、去聲在豐順話與海陸、四縣話呈現了不同的走向，其中豐順古全濁上聲字部份去聲兼讀上聲（33～11），例：「婦、淨、後、盡」等字；古全濁去聲字大部份去聲兼讀上聲（33～11），例：「麵、路、外、二、便、大、樹」等字；同樣的，此部份字在海陸話的陽去調中，亦有不少可讀成陰去調（即調值 33 與 11 成無定分調）。此種導致聲調調值 33 與 11 混淆的因素，主要應和 33 調值在當地方言環境下的不穩定有關，其中可能受到四縣話陽平調、或海陸話陰去調（調值均為 11）的影響而變低，成為部份字兼有 33 與 11 兩調值。

9.3.2.4 詞彙之消長

海陸、四縣、豐順之間，部份的詞彙詞形有異，而其詞彙之間相互的影響，主要有強勢腔（海陸、四縣）之間的影響，以及強勢腔影響弱勢腔，並導致詞彙產生兩種主要的演化方向：

1. 完全套用。在當地長期詞彙影響下，原應為四縣話的詞彙，但已不使用，完全改以海陸話的詞彙，如：

華語詞義	新屋四縣	苗栗四縣	新屋海陸	新竹海陸
倒茶	淳茶	斟茶	淳茶	淳茶
下雨	落水	落雨	落水	落水
累	痶/t'iam³¹/	瘔/k'ioi⁵⁵/	痶/t'iam¹³/	痶/t'iam¹³/

2. 混用並存。有不少詞彙是屬於此種現象，即原屬於海陸或四縣或豐順的詞彙，在各別方言中，有些彼此會相互混用，如下表有二詞者（無詞者表非比較對象），但弱勢豐順腔的特殊詞彙，卻較困難進入強勢方言之詞彙中混用：

華語詞義	新屋豐順	新屋四縣	苗栗四縣	新屋海陸	新竹海陸	閩南語
明天	韶早 天光日	韶早 天光日	天光日	韶早 天光日	韶早	
南瓜	金瓜 **黃瓟**	黃瓟	黃瓟	黃瓟	黃瓟	金瓜
芭樂籽	菝仔仁 菝仔籽	菝仔仁 菝仔籽	菝仔仁 菝仔籽	菝仔仁 菝仔籽	菝仔仁 菝仔籽	
社子溪 社子村	社仔溪 社仔村	社仔溪 社仔村		社仔溪 社仔村		
撒嬌	**做嬌** **使妮**	**做嬌** 使妮	**做嬌** 使妮	**做嬌** 使妮	**做嬌** 使妮	使妮
蕃茄	t'o¹¹ mat⁵ to⁵³	**t'o¹¹ mat⁵** **to⁵³** 臭柿仔	t'o¹¹ mat⁵ to⁵³	t'o¹¹ mat⁵ to⁵³	t'o¹¹ mat⁵ to⁵³	臭柿仔

說明：豐順話中因無「仔」的中級及後綴詞，故「菝仔仁、菝仔籽」以及「社仔溪」之「仔」字，應是受四縣或海陸之「仔」所影響而產生的。

9.3.2.5 後綴詞「仔」的語音變化

新屋四縣話後綴詞「仔」的語音，其變化大致上與苗栗四縣相同，有關/e/與/e/的同化現象，可參考羅肇錦（1990：114）；至於豐順話，因其方言無後綴詞「仔」，故無變化可言；但新屋海陸話的後綴詞「仔」的語音，或許在四縣、閩南話的接觸、或自身語言系統的演變之下，呈現了不穩定且多樣性的音韻變化，除了有新竹海陸的/ə/之外，以下綜合新屋海陸與四縣話，比較其顯著的特徵走向另外有：

1. 隨前清音濁化。遇到前字為塞音韻尾時，有隨前清音濁化的傾向，如四縣話：「葉仔ʒap⁵ be³¹」或「葉仔ʒap⁵ bu³¹」（葉子）；「食藥仔ʃit⁵ ʒok⁵ ge⁵³」（吃藥）。

2. 隨前母音母音化。後綴詞「仔」，其語音有隨著前字母音而仔尾母音化的傾向，如四縣話「柿仔乾 k'i⁵⁵ i³¹ kon¹³」（柿子餅）；語音上，也容易弱化成輕音化〔註21〕，這類詞通常容易出現在生活中不經意發出的口語音，如海陸話「包仔 pau⁵³·au⁵⁵」（包子），「鴨仔 ap⁵ᐳ²·ap⁵」〔註22〕（鴨子），此類詞若經由訪談而得的，則仔尾母音母音化、輕音化的現象則不那麼明顯，通常海陸話比較常出現的後綴詞「仔」音為/ə/。

3. 隨前鼻音韻尾自成音節。同上述仔尾母音化有類似的情形，即其後綴「仔」語音，在鼻音之後會變成成音節鼻音/m̩、n̩、ŋ̍/，如海陸話「柑仔 kam⁵³·m̩⁵⁵」（橘子）。

4. 弱化、丟失。隨著「仔」語音的弱化、輕音化，因此當「仔」為中綴詞時，語音就更容易丟失，如海陸話「番（仔）油 fan⁵³ ʒiu⁵⁵」（煤油）、「遮（仔）節 tʃa⁵³ tsiet⁵」（雨傘節）。

以筆者所調查到的四縣詞彙中，如「葉子、包子、鴨子」等之詞尾，就有「e、pe、be、u、vu、bu、vɤ、ɤ」等之可能，更惶論海陸詞尾「仔」的變化，應更為複雜，足見詞綴「仔」的語音形式，在新屋海陸、四縣客話中，是呈現多樣化且豐富性的，值得再做進一步的調查研究。

需要說明的是，這種仔尾的變化並非全面性的，也非一定規律性的，所以每一個變化的階段都可能出現在共時的環境中，筆者研判這可能是某些詞彙在口語化時，因為「語感」的關係、再加上各次方言間（如閩南語、海陸話、四縣話）的聲韻相互影響，而比較容易產生此種現象。

9.3.3 疊置式的音變與詞變現象

「疊置式音變理論」的形成約在 80 年代中期（徐通鏘、王洪君：1986），其理論的核心思想概括如下：

　　一種方言可以在同一空間借助漢字的連接，通過對應規律接受另一

〔註21〕輕音化以符號「·」在韻母前表示。

〔註22〕入聲字後接「仔」後綴詞時，傾向於變成連音，如「ap⁵ᐳ²·ap⁵」—>「aʔ²ap⁵」（鴨子）。這類「仔」後綴詞的變化較為複雜，不在本文論述的重點，故不詳述。

　　種方言的影響，形成音類的疊置（即文白異讀），文讀和白讀的競爭以社會因素為條件，疊置方式以音系結構為條件，文讀和白讀的共存是方言接觸在同一系統中的歷時體現。（陳保亞 1999：431）

　　可見早期的疊置式音變理論，是以音系結構的**聲母與韻母**為主要條件，因為**方言接觸**而產生文讀和白讀共存在同一方言系統中，並成此系統歷時體現的特徵。

　　以筆者調查的方言接觸而言，其所產生的疊置式音變與詞變現象卻與以上之定義有所差別，相同的是兩者均以社會因素的**方言接觸**為條件，除了產生文讀和白讀屬歷時體現的音系系統外（參見 4.4 節），其差別還在於後者在相同詞彙條件下，產生又讀音的共時體現，如：「燒火」一詞之「燒」字，與「小學」一詞之「小」字，在當地客語均分別有-eu、-au 兩韻疊置共存使用（其他字例可參考【表4.4】）；另外，此種現象除了呈現在音系中的聲母與韻母外，亦呈現在聲調及詞彙中。綜合以上研究，以豐順話而言，其部份之音韻、詞彙走向，呈現著此消彼長的趨勢，在音韻、詞彙上，不少是呈現了共時方言**疊置式的音變與詞變**（overlapping sound and lexicon changing）現象，也就是說當兩種或多種方言相互接觸時，在聲母、韻母，甚至在聲調上，以及詞彙方面，會產生一種雙重音韻或雙重詞彙並用的現象，這種變化情形大致如下圖所示的輸出值「表層」結構：

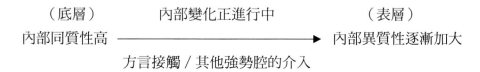

（底層）　　　　　　內部變化正進行中　　　　　　（表層）
內部同質性高 ──────────────▶ 內部異質性逐漸加大
　　　　　方言接觸／其他強勢腔的介入

【圖 9.1】方言接觸下語音與詞彙的變化方向

〈音韻、詞彙舉例〉（參見附錄一或 4.6 節之同音字表）

變化前（底層）／中古條件	變化中	變化後（表層）
tʃ-、tʃʻ-、ʃ- / 部份知章莊母	tʃ-～ts-、tʃʻ-～tsʻ-、ʃ-～s-	成無定分音
kʻ- / 部份溪母	kʻ- / h-、kʻ- / f-	kʻ->h-、kʻ->f-
i-	i-～ʒi-	ʒ-
-iu / 部份流開三	-iu / -u	-iu<-u
-eu / 部份效開三	-eu / -au、-eu / -iau	-eu>-au、-eu>-iau

-an／部份山開二	-an／-ien	-an＞-ien
-en／部份山開三	-en／-an	-en＞an
-o／部份遇合三	-o／-u	-o＜-u
-ep／部份深開三入	-ep～-ip	-ep＜-ip
-en／部份臻梗開口	-en～-ien	-en＞-ien
聲調調值／部份古上去聲字	11～33	成無定分音
A1（詞彙）	A1／B1（詞彙）	A1＞B1
A2（詞彙）	A2／B2（詞彙）	A2＜B2
A3（詞彙）	A3／B3（詞彙）	B3

　　因語言一直進行著變化，故在此處的「變化後」代表目前的狀況（不少是呈現著疊置式的音變與詞變現象）。要注意的是，這些的變化情形是由同一類型的字（如《切韻》系韻書中，同一類聲母或同一類韻母的字），量化後所呈現的，並就某種方言在方言接觸後，且對當地方言有相當程度的瞭解，以說明此方言會產生的變化情形來論。筆者以「微觀」之角度來審視方言之音變與詞彙之變化，甚至同一位或數位發音人，在同一字或同一類型之字，就某一期間的共時環境中，亦會呈現方言內部的異質性，不同於洪惟仁（2003）以「宏觀」之角度（採方言發音人數統計量化）來審視音韻之變化。

　　以「燒」字韻為例，當地的四縣、海陸、豐順話，其產生疊置式的音變過程如下：

【圖9.2】共時方言的疊置式音變圖

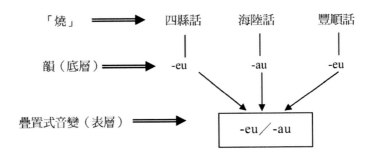

9.3.4　音韻、詞彙演變的類型

　　多方言接觸之下可能會產生哪些演變的類型？筆者從當地的音韻、詞彙的分析中，歸納出當地的方言演變約有以下六種走向，分別述之：

　　1. 向強勢靠攏：如「笠」之韻母雖有兩種形式，但-ep較少聽到，這是筆

者在與發音人聊天，數次談到「斗笠」時，其「笠」字韻母都為-ip，可能是後來才喚起發音人想起應為-ep，才改以-ep，但卻說-ep已較沒人在用了。-ep ──→-ip 即為弱勢向強勢腔靠攏的一個典型例子。

2. 取代或消失：例如，苗栗四縣「瘻k'ioi⁵⁵」、「落雨 lok⁵ i³¹」在新屋四縣話已消失或不存在，而被海陸話詞彙取代成「痶 t'iam⁵³」、「落水 lok⁵ ʃui³¹」。以豐順方言而論，三地豐順方言的此有彼無，從原祖地而論，一定有某種音韻或詞彙消失了，而代之以不同的說法，如「起床」的說法分別為「好偷 ho³ t'eu¹」（新屋）、「投起 t'eu⁶ k'i³」（湯坑）、「囥床 hoŋ³ ts'oŋ²」（觀音）。

3. 競爭但相安：例如豐順話「五 ŋ̍¹¹~¹³、兩 lioŋ¹¹~¹³」兩字的聲調調值單唸時多半為 11，其他詞多半為 13；南瓜一詞亦有「金瓜」與「黃瓠」兩稱，其底層應為「金瓜」（因當地附近方言無「金瓜」一詞，而為「黃瓠」），故其兩聲或兩詞之間形成了一種「競爭」但「相安」的情形。

4. 融合不分：新屋豐順、海陸、四縣話，三種方言的部份字聲母 ts-、ts'-、s-與 tʃ-、tʃ'-、ʃ-融合成無定分音，成為當地方言的一種特色。

5. 語詞漸變：由於受到強勢方言的影響，少數語音或詞彙會產生變化，但其變化還不廣泛，也尚未靠攏到強勢腔，也不構成競爭的局面，只能說這是不經意受到影響的轉變，例如新屋豐順話中，中古效攝以-eu 韻為底層的，有時會不經意受到海陸話的影響，少數字會唸成-au 韻，但大致上還是會唸成-eu 韻。

6. 涇濱語（pidgin）：涇濱語或稱之為兼語，這是不同的語言在相互接觸後，為了彼此溝通，而把兩種語言「斷章取義」截搭而成為一種混用的中介語。舉例如下：

（1）「請把「杓」（唸成/k'ok⁵/）子拿給我！」──客家人在生活中易將華語中的詞音置換成客語的音，句中「杓」之四縣音可能原為/ ʃok⁵/轉成/ k'ok⁵/。

（2）「你愛喫「奶茶」（以華語唸）無？」──句例以客語為主，加入華語詞「奶茶」。在閩客方言中對於新詞彙往往還無習慣使用的音時（即使有音但也無華語的普及），因此語句中便習慣以華語的音來替代，此類用語還不少。當華語詞彙語音已使用習慣時，若用另一方言的詞彙音來說，有時反而會失去原有詞彙的精髓與普遍性，而這也是目前各方言詞彙語音使用上所面臨的一個問題之一。

另外在報章雜誌上，也很容易看到華語加雜客、閩語或英語的語句，如：

（3）「報導<u>平平開</u>五千元，哪一間<u>卡好康</u>？」──大成影劇報）（2002-10-21）。

（4）「新客家電台是一個 24 小時客語發音的頻道，幽默逗趣的主持風格受到桃園新竹地區聽眾的喜愛。透過現場 <u>call-in</u>……」──（民視新聞）（2002-10-22）。

這種中介語似乎也是今日臺灣各地語言普遍存有的現象之一，語言學界大都尚未持認可的態度，但未來它是否會成為主流之一？其詞彙、句法是否會成為另一種規則化？且被「約定俗成」的一種新語言或新方言？語言學家或許不希望見到這種現象的發生，但它的未來發展其實是有待觀察的！

9.3.5　小結──新屋地區方言與「四海話」的關聯探究

新屋海陸與四縣話所使用的聲母與韻母其實相差不多，因為彼此對聲調都可自由轉換而不混淆，在聲調運用自如之下，四縣或海陸話的人很自然的會將所講方言原有的聲韻以另一方言的聲韻套用之，因而被稱為新一種形式的方言──四海話。

當學術界上多出了「四海話」的同時，對於新屋豐順話也有「四海話」的音韻、詞彙特色時（非這一代才有），但我們卻不能說豐順話是「四海話」，那麼該如何稱呼類似的方言現象呢？也許只能說這是語言演變上發展的一種階段，就如同客家話從古至今，在歷史上已發展了數個世紀，大體上仍稱其為客家話，那麼「四海話」這一新詞的存在有其必要性嗎？這是筆者在調查了新屋豐順客話後，所產生的疑惑！

所謂的「四海話」，原是由四縣與海陸兩種方言接觸下，因為強勢而產生新的次方言名稱，但對於弱勢方言──豐順話，卻在四縣與海陸兩種強勢方言（前者為大環境下的客語通行腔；後者為當地的強勢方言）相互影響下而產生趨同的變化，豐順話在聲、韻、調以及詞彙系統上，受到語言接觸的影響，呈現著一方面與海陸話趨同，一方面卻又與四縣話趨同，綜合了海陸與四縣話的特色，但我們卻不適合將其視為「四海話」，畢竟它在聲、韻、調、詞彙上，仍有不同於四縣或海陸的特色在，且其底層是屬豐順話，仍屬於「豐順話」的一支。「四海話」或「海四話」因為逐漸成為一種「優勢」方言，故

而成為客語次方言的新名稱，但在桃園觀音鄉高姓的豐順話，與新屋鄉呂屋的豐順話，兩者均屬弱勢方言，且兩者在聲、韻、調、詞彙上均有所差異，且與大陸原鄉的豐順話亦有所差，居住在新屋已有數代的豐順客籍人，語言就這樣漸漸變了，甚至連他們的方言名稱都快要消失在這大環境之中了！

　　藉由新屋豐順客話聲、韻、調以及詞彙現象的分析，筆者以為「四海話」中的四縣話，或稱之為「海四話」中的海陸話，其基本底層仍然分別屬於四縣話或海陸話，其語言當可分別稱呼。雖然在聲、韻、調、詞彙系統，三種方言有逐漸趨同的情形，但從方言的部份音韻或部份的特殊詞彙中，仍可明顯的區別其為四縣話、海陸話或豐順話。而新屋四縣、新屋海陸與通行腔的苗栗四縣、新竹四縣各有差異，此種現象應可視為地域方言上的差異現象。其實各地有各地在地域差別上的方言特色在，冠以地名如：「觀音豐順話」、「新屋豐順話」、「湯坑豐順話」等來區別這種方言特色，或許更適切些。

第十章 結論——回顧與未來

10.1 研究結果回顧

對於以上之研究，歸結本文主要之結果及貢獻如下：

10.1.1 新屋豐順客話的特色

藉由新屋豐順客話的調查研究，為臺灣語言的存在，發現並記錄了一個新方言點，其中包括了特殊的音韻及特殊的詞彙特色，以提供日後相關研究資料的來源。以音韻而論，從音韻歷時的比較與共時的對比中，找出方言的特色以及音韻、詞彙變遷的軌跡。其中，因為方言系統內部演化的條件，及因方言接觸的影響，使得新屋豐順客話的古上去聲的分合條件，更有別於其他客語或漢語方言，非屬「濁上歸去」（廣東客語為主），亦非完全的「濁上去歸上聲」（閩西客語為主），而是——古清上、清去、濁上、濁去均有歸上聲；古濁上、濁去亦有歸去聲，抑或上、去聲成無定分調（11～33）。以詞彙而論，有「籮筹」、「偷」等特殊詞彙，不同於臺灣的其他漢語方言詞形，構詞方面，則普遍無「仔」綴詞。

另外，隨著共時方言地的長期接觸下，以新屋四縣、海陸、豐順為例，三者之聲、韻、調，以及詞彙方面有逐漸趨同的情形，並產生疊置式的音變與詞變現象，此種現象是以社會因素的方言接觸為條件，導致在聲母、韻母，甚至在聲調上，以及詞彙方面，會產生一種雙重音韻或雙重詞彙並用的現象，

例如：「燒火」一詞之「燒」字，與「小學」一詞之「小」字，在當地客語均分別有-eu、-au 兩韻疊置共存使用，但原則上，三種方言表現在音韻與詞彙上，仍各有特色。又，當學術界上多出了「四海話」的同時，對於新屋豐順話也有「四海話」的音韻、詞彙特色時（如：大多數的古知、莊、章組聲母，ts-、ts'-、s-與 tʃ-、tʃ'-、ʃ-成無定分音；部份效攝-eu/-au 兩韻共存使用等等），但我們卻不能說豐順話是「四海話」，「四海話」原是由四縣與海陸兩種方言接觸下，因為強勢而產生新的次方言名稱，但對於弱勢方言——豐順話，卻在四縣與海陸兩種強勢方言相互影響下而產生獨特性的變化，此種變化應可視為地域方言上的差異現象。其實各地有各地在地域差別上的方言特色在，冠以地名如：「觀音豐順話」、「新屋豐順話」、「湯坑豐順話」等來區別這種方言特色，或許更適切些。

10.1.2　區域性方言接觸的變化

　　利用「詞彙擴散」（lexical diffusion）理論，以及語音「對當」（correspondence）原理，討論在方言接觸下，方言產生的變化類型，並由此推測出大陸湯坑豐順話、觀音高姓豐順話、與新屋呂屋豐順話，三者在音韻、詞彙上的差異性及其親疏關係，其中新屋與觀音的豐順話因差異頗大，甚至較觀音地區保有原方言地之特徵，使得兩地的豐順客話可以成為不一樣的臺灣客語次方言。也因為方言區域性的不同，而導致各種原先相同或相異的方言分往不同或相同的方向演變，以豐順、四縣、海陸方言為例，不同地域的方言接觸影響，會導致本來同質性高的方言往不同的方向演變（趨異 divergence），新屋與觀音豐順腔的演變就是最好的例證；而相同地域的方言接觸影響，則會導致本來異質性高的方言往相同的方向演變（趨同 convergence），新屋的四縣、海陸、豐順腔的演變就是最好的例證。因此本文以研究地區的新屋方言接觸為例，將其演變方向劃分為兩類新型方言，分別為「四海話」（四縣與海陸的相互影響而形成的方言，其腔調有以四縣腔為主的「四海腔」與以海陸腔為主的「海四腔」，在此筆者以「四海話」泛稱之）與「新屋豐順話」（豐順受四縣及海陸的影響而形成的方言）。日後研究，若以新屋鄉全鄉地區來論，甚或將層面擴大至臺灣各地，以區域中語言之複雜性來看，其演變方向勢必有更多的變異性可探討。

10.1.3　語言與文化的結合

　　藉由新屋豐順客話的調查研究中，將客語有關漢語借詞與非漢語借詞的層次，做一劃分，並繪製成客語詞源層次之構擬圖（見【圖7.2】）。其中詞源之層次主要包括了古漢語之沿用、方言之創新、借詞三部份，但方言之創新難以界定，故此部份本文不討論。又借詞中，有來自漢語方言的，如：來自於粵語的「脢條肉」（里脊肉）；也有來自非漢語方言的，而非漢語方言又分來自少數民族，如：來自於畬族語的「儕」（畬，指人；客語「一儕」指一個人），以及來自國外各族的，如：來自於日語的「en^{13} sok^5 k'u^{11}」（遠足）。另外，借詞的情形，總是合久分，分久合，或是融合成一體，時間一久，到底是誰借誰的詞，常常也會釐不清這一層關係，例如，即使是來自於北方漢語（古漢語）的詞彙，北方漢語中也有「南染吳越」的話語，如「薸 p'iau^2」（浮萍，今北方漢語不使用「薸」）字，與西南少數民族語的壯語、水語、毛南語等具有同源關係，其語音分別為「piəu^2」、「piu^2」、「pieu^2」，因此，我們便很難斷定此字是屬古漢語之沿用，抑或是屬西南少數民族語的古借詞，本文就問題點的提出，待日後能有更深一層的分析探討。

　　有關地名詞彙、委婉語、特殊詞彙文化的探討，往往可以呈現方言不同的文化意含。在地名詞彙方面，從音韻學、語言學、文化學的角度來詮釋地名中的命名、源流以及地名與當地文化之關係，以作為暸解地方方言，或作為方志、歷史學資料來源的參考。在委婉語方面，從修辭學的觀點來分析委婉語的構詞或命名特色，而禁忌語與委婉語之間總是有一些微妙的互動關係，二者非必要相應而生，但禁忌語則多半有相應的委婉語產生。在詞彙意義深究方面，則列舉與文化有關的詞彙做分析，亦從修辭學的觀點來分析詞彙特色，列舉詞的歷時演變及特殊方言字的形成，如：「𠊎 ŋai^{13}」、「姆 pu^{53}」、「嘛 ma^{55}」……等等，而「𠊎 ŋai^{13}」之聲調更有別於方言自身基本聲調之系統，成為此方言中的特殊現象。

　　從詞彙多角度的分析研究中，含詞源、詞義、構詞及文化方面，並結合「社會網路分析法」（social network analysis）（O'grady 1997：543～545）與濃縮陳原（2001：443）的「語言變異分析法」，製成新屋豐順客話產生變異的因素簡化圖（見【圖2.1】），並以此為分析架構，使本文在研究社會方言之基礎下，能成為語言與文化結合之表徵。

10.2　未來之期許

　　臺灣各地的客方言，因為周圍接觸地的其他方言影響、以及社會等相關變數的不同，而產生不同的變異方向。探討一地方音詞彙的變化，通常離不開與音韻的互動性；而探討音韻的變化，通常也是以「詞」為基準，在「詞彙擴散論」與「疊置式音變論」中，二者均是以音系為入手條件，因此，在「音變的規律性」與「每一個詞都有它自己的歷史」觀點上來看，共時方言的音韻與詞彙上的變異（variety），真的具有規則性嗎？隨著社會變遷的加遽，各方言間的密切互動，屬於「不規則」的現象似乎已逐漸增多，是故，在前人的理論基礎下，有些理論勢必要隨著時代環境的變動而逐漸修正或更新。因此，對於未來，希望在本文之基礎下，以臺灣各種客語的多方言為整個宏觀的架構，並就前人之理論與方法為基準，來探討多方言的音變與詞變現象，由此，並試著歸結或擴充前人之研究成果，甚而開創新的研究方法。

　　有關語言與文化，實為一廣大的領域，舉凡語言的接觸與演變、社會語言學、文化語言學、地理方言學……等等，都屬其範圍，欲研究語言與文化中有關詞彙的領域，也總是脫離不了音韻的研究，而每一個詞總有它的語意成份在，這種語意成份又與詞在句法中的位置有關，是故，詞彙正好處在音韻與句法的銜接橋樑，一方面，我們必須以宏觀的視野、多元觀的角度才能體會詞彙學這一領域的深奧；另一方面，我們又必須以科學實證的精神，將資料予以系統化、方法化，並且理論化，對於詞彙予以系統科學化的研究，可說，起碼在二十世紀語言學的研究中，還是以傳統為主，現階段尚處在創新追索的階段，仍有其發展的空間，也更待進一步的分析。因此筆者願在音韻以及語意、句法之理論基礎上，繼續並開拓現代方言詞彙與文化之研究，且擴大方言接觸研究的區域性，而非限於單一方言點。此外，對於筆者一直思索的一個問題，那就是：如何將傳統、新的理論，以及新的研究方法，做一結合創新的研究，而這也是筆者一直努力的方向。

　　在此以羅常培（1989：50）的一段文字做為本文之結語：「正確的結論是由充實的學問，致密的方法，矜慎的態度追尋出來的。」筆者將秉持著這個態度繼續學問之研究，以理論看事情，以材料來驗證理論。

參考文獻

一、古籍

1. 《十三經注疏》整理委員會整理《十三經注疏》。北京：北京大學出版社，2000 年第 1 版。

2. （宋）丁度等撰《集韻》。臺北：臺灣中華書局發行，1966 年臺一版。

3. 于玉安、孫豫仁主編《字典彙編》v.14。北京：國際文化出版公司出版，1993 年第 1 版。

4. （元）王楨撰《農書》。臺北：臺灣商務，1965 年臺一版。

5. （清）吳宗焯修《廣東省嘉應州志》。臺北：成文，1968 年臺一版。據清吳宗焯修溫仲和纂，清光緒二十四年刊本影印。

6. 吳樹平等點校《十三經》。北京：北京燕山出版社，1991 年北京第 1 版。

7. （清）紀昀等總纂《景印文淵閣四庫全書》。臺北：臺灣商務印書館發行，1983～1986。據國立故宮博物院藏本影印。

8. （漢）班固撰；（唐）顏師古注《漢書》。臺北：臺灣中華書局，1966。據武英殿本校刊。

9. （清）畢沅撰《經典文字辨證書》。北京：中華書局，1985 年新 1 版。

10. （漢）許慎撰；（清）段玉裁注《說文解字注》（經韻樓藏版）。高雄：高雄復文圖書出版社，2000 年初版 2 刷。

11. （晋）郭璞注《爾雅》。北京：中華書局，1985 年北京新 1 版。

12. （晋）郭璞傳《山海經》。北京：中華書局，1985 年北京新 1 版。

13. （魏）張揖撰《廣雅》。北京：中華書局，1985 年北京新 1 版。

14. （魏）張揖撰、王念孫疏證《廣雅疏證》。北京：中華書局，1985 年北京新 1 版。

15. （宋）陳彭年等重修《新校正切宋本廣韻》（澤存堂藏版）。臺北：黎明文化，1976 年初版。

16. 國立編譯館主編《十三經注疏分段標點》。臺北：新文豐，2001 年初版。

17. （清）黃釗《石窟一徵》。臺灣：臺灣學生書局，1970 年景印六月，清宣統元年重印本。

18. （漢）揚雄《方言》。北京：中華書局，1985 年北京新一版。

19. （清）葛洲甫纂《廣東省豐順縣志》。臺北：成文，1967 年臺一版。據清葛洲甫纂，清光緒十年補刊本影印。

20. （清）楊恭桓《客話本字》。新莊市：客家臺灣文史工作室出版，1997 年初版。

21. 藝文印書館編《二十五史》【晉書斠注】。臺北：藝文印書館，1972 年影印本。

22. （清）羅翽雲《客方言》。臺北：古亭書屋，1971。

23. （梁）顧野王撰《玉篇》。臺北：臺灣中華書局，1966 年臺一版。

24. （唐）釋元應撰《一切經音義》。北京：中華書局，1985 年北京新 1 版。

二、中文書目

1. 丁邦新，1979，《臺灣語言源流》。臺灣學生書局印行。

2. 丁邦新，1998，《丁邦新語言學論文集》。北京：商務印書館，第 1 版。

3. 王力，1980，《漢語史稿》。北京：中華書局，新 1 版。

4. 王力，1991，《同源字典》。臺北：文史哲，初 2 刷。

5. 王均等編著，1984，《壯侗語族語言簡志》。北京：民族出版社出版，第 1 版。

6. 王堯主編，1998，《苗、瑤、畬、高山、佤、布朗、德昂族文化志》。上海：上海人民出版社，第 1 版。

7. 中國少數民族社會歷史調查資料叢刊福建省編輯組編，1986，《畬族社會歷史調查》。福州：福州人民出版社出版，第 1 版。

8. 中文大辭典編纂委員會，1976，《中文大辭典》。臺北：中國文化學院華岡出版有限公司發行，3 版。

9. 中國社會科學院語言研究所，1981，《方言調查字表》。北京：商務印書館，新 1 版。

10. 中國語言學大辭典編委會，1991，《中國語言學大辭典》。中國語言學大辭典編委會：江西教育出版社，第 1 版。

11. 毛宗武、蒙朝吉編著，1986，《畬語簡志》。北京：民族出版社出版，第 1 版。

12. 方麗娜，1994，〈淺論方位詞「上」「中」「下」的用法〉，《國語文教育通訊》。第 7 期，頁 4～8。

13. 北京大學中國語言文學系語言學教研室編，1995，《漢語方言詞彙》。北京：語文出版社出版，第 2 版。

14. 白川靜，1977，《甲骨文的世界》。臺北：巨流圖書公司，初版。

15. 安倍明義，1992，《臺灣地名研究》。臺北：武陵出版有限公司，3 版 2 刷。

16. 江俊龍，1996，《臺中東勢客家方言詞彙研究》。國立中正大學中國文學研究所碩士論文。

17. 江藍生等，1997，《唐五代語言詞典》。上海：教育出版社，第 1 版。

18. 李壬癸，1996，《臺灣南島民族的族群與遷徙》。臺北：常民文化出版，第 1 版。

19. 李如龍，1982，〈論漢語方言的詞彙差異〉，《語文研究》。第 2 輯，頁 133～141。

20. 李如龍，1998，《漢語地名學論稿》。上海：上海教育出版社，第 1 版。

21. 李如龍，2001，《漢語方言學》。北京：高等教育出版，第 1 版。

22. 李如龍、周日健主編，1998，《客家方言研究》【第二屆客方言研討會論文集】。廣州：暨南大學出版社，第 1 版。

23. 李如龍、莊初升、嚴修鴻，1995，《福建雙方言研究》。香港：漢學出版社，初版。

24. 李如龍、張雙慶主編，1992，《客贛方言調查報告》。廈門：廈門大學出版社。

25. 李榮，1982，《音韻存稿》。北京：商務印書館，第 1 版。

26. 李榮，1985，《語文論衡》。北京：商務印書館，第 1 版。

27. 李榮，1994，〈禁忌字舉例〉，《方言》。第 3 期，頁 161～169。

28. 呂叔湘，1990a，《呂叔湘全集》【第一卷‧中國文法要略】。北京：商務印書館，第 1 版，頁 291～300。

29. 呂叔湘，1990b，《呂叔湘全集》【第二卷‧漢語語法論文集】。北京：商務印書館，第 1 版，頁 194～214。

30. 呂叔湘，2002，《呂叔湘全集》【第五卷‧現代漢語八百詞】。瀋陽：遼寧教育出版社，新華發行。

31. 吳中杰，1999，《臺灣福佬客分布及其語言研究》。國立新竹師範學院臺灣語言與語文教育研究所碩士論文。

32. 邢福義主編，2000，《文化語言學》。武漢：湖北教育出版社，第 2 版第 2 刷。

33. 何大安，1996，《聲韻學中的觀念和方法》。臺北：大安，第 2 版。

34. 花松村編纂，1999，《臺灣鄉土續誌》。臺北：中一出版社，初版。

35. 邱彥貴、吳中杰，2001，《臺灣客家地圖》。臺北：貓頭鷹出版社。

36. 林慶勳，1989，《古音學入門》。臺北：臺灣學生，初版。

37. 林慶勳，2002，「詞彙學專題討論參考資料彙編」。國立中山大學中國文學系九十一年度課堂講義。

38. 林衡道口述；楊博整理，1996，《鯤島探源（一）》。臺北縣永和市：稻田。

39. 竺家寧，1999，《漢語詞彙學》。臺北：五南，初版。

40. 周振鶴、游汝傑，1986，《方言與中國文化》。上海：上海人民出版社，第 1 版。

41. 金昌吉，1994，〈方位詞的語法功能及其語義分析〉，《內蒙古民族師院學報》。第 3 期，頁 22～26。

42. 洪惟仁，1992，《臺灣方言之旅》。臺北：前衛出版社，初版。

43. 洪惟仁，2003，《音變的動機與方向：漳泉競爭與臺灣普腔的形成》。國立清華大學語言學研究所博士論文。

44. 洪敏麟，1980，《臺灣舊地名之沿革》。臺中：臺灣省文獻委員會，增訂 7 版。

45. 香港中文大學，1974，《漢字古今音彙》。香港：中文大學出版社，第 1 版。

46. 桃園縣政府，1994，《桃園文獻》第二輯。桃園縣，桃園縣政府發行。

47. 高然，1998，〈廣東豐順客方言的分布及其音韻特徵〉，《客家方言研究》【第二屆客方言研討會論文集】。廣州：暨南大學出版社，第 1 版，頁 133～145。

48. 高然，1999，〈廣東豐順客方言語法特點述略〉，《暨南學報》。第 21 卷第 1 期，頁 108～118。

49. 高然，1999，《語言與方言論稿》。廣州：暨南大學出版社，第 1 版。

50. 高橋彌守彥，1997，〈關於名詞和方位詞的關係〉，《世界漢語教學》。第 1 期，頁 24～32。

51. 袁家驊等，2001，《漢語方言概要》。北京：語文出版社，第 2 版。

52. 袁賓等，1997，《宋語言詞典》。上海：教育出版社，第 1 版。

53. 徐兆泉，2001，《臺灣客家話辭典》。臺北：南天。

54. 徐通鏘、王洪君，1986，〈說「變異」〉，《語言研究》。第 1 期，頁 42～63。

55. 徐貴榮，2002a，〈臺灣客語的文白異讀研究〉，《第四屆臺灣語言及其教學國際學術研討會論文集》。頁 79～109。

56. 徐貴榮，2002b，《臺灣桃園饒平客話研究》。國立新竹師範學院臺灣語言與語文教育研究所碩士論文。

57. 許威漢，2000，《二十世紀的漢語詞彙學》。太原：書海出版社出版發行，第 1 版。

58. 許寶華、宮田一郎主編，1999，《漢語方言大詞典》。北京：中華書局，第 1 版。

59. 康家瓏，1993，《中國語文趣話》。臺北：雲龍出版，初版。

60. 常敬宇，1995，《漢語詞彙與文化》。北京：北京大學出版社。

61. 張光宇，1996，《閩客方言史稿》。臺北：南天，初版。

62. 張屏生，2002a，《臺灣地區漢語方言的語音和詞彙》【論述篇】。自印本。

63. 張屏生，2002b，《臺灣閩南話部分次方言的語音和詞彙差異》。自印本。國際音標版 2002 年修改。

64. 游文良，2002，《畲族語言》。福州：福建人民出版社，第1版。

65. 游汝傑，1992，《漢語方言學導論》。上海：上海教育出版社，第1版。

66. 陳年福，2001，《甲骨文動詞詞彙研究》。成都：巴蜀書社，第1版。

67. 陳松岑，1985，《社會語言學導論》。北京：北京大學出版社。

68. 陳秀琪，2002，《臺灣漳州客家話的研究：以詔安話為代表》。國立新竹師範學院臺灣語言與語文教育研究所碩士論文。

69. 陳保亞，1999，《20世紀中國語言學方法論：1898～1998》。濟南：山東教育出版社，第1版，頁396～456。

70. 陳原，2001，《語言與社會生活》。臺北：臺灣商務，初版。

71. 陳淑娟，2002，《桃園大牛欄閩客接觸之語音變化與語言轉移》。國立臺灣大學中國文學研究所博士論文。

72. 溫昌衍、溫美姬，2001，〈客家方言特徵詞中的近代漢語詞〉，《嘉應大學學報》。第19卷，第2期，頁101～106。

73. 溫秀雯，2003，《桃園高家豐順客話音韻研究》。國立新竹師範學院臺灣語言與語文教育研究所碩士論文。

74. 黃宣範，1995，《語言、社會與族群意識：臺灣語言社會學研究》。臺北：文鶴，新版。

75. 黃雪貞，1988，〈客家方言聲調的特點〉，《方言》。第4期，頁241～246。

76. 黃雪貞，1994，〈客家方言的詞彙和語法特點〉，《方言》。第4期，頁268～276。

77. 黃雪貞，1995，《梅縣方言詞典》。江蘇：江蘇教育出版社，第1版。

78. 黃雪貞，1997，〈客家方言古入聲字的分化條件〉，《方言》。第4期，頁258～262。

79. 董同龢，1975，《上古音韻表稿》。臺北：臺聯國風出版社印行，3版。

80. 董同龢，2001，《漢語音韻學》。北京：中華書局出版發行，第1版。

81. 董紹克，2002，《漢語方言詞彙差比較研究》。北京：民族出版社，第1版。

82. 詹伯慧主編，2002，《廣東粵方言概要》。廣州：暨南大學出版社，第1版。

83. 趙元任，1968，《語言問題》。臺北：臺灣商務，初版。

84. 趙元任著；丁邦新譯，2002，《中國話的文法》。香港：香港中文大學，增訂版。

85. 廣文編譯所編，1999，《國音中古音對照表》。臺北縣：廣文書局，4 版。

86. 鄧杏華，1996，〈關於漢英禁忌語和委婉語的對比〉，《柳州師專學報》。第 11 卷第 1 期，頁 43～47。

87. 鄧盛有，1999，《臺灣四海話的研究》。國立新竹師範學院臺灣語言與語文教育研究所碩士論文。

88. 鄧曉華，1994，〈南方漢語中的古南島語成分〉，《民族語文》。第 3 期，頁 36～40。

89. 鄧曉華，1996，〈客家方言的詞彙特點〉，《語言研究》。第 2 期，頁 88～94。

90. 鄧曉華，1998，〈客家話與贛語及閩語的比較〉，《語言研究》。第 3 期，頁 47～51。

91. 鄧曉華，1999，〈客家話跟苗瑤壯侗語的關係問題〉，《民族語文》。第 3 期，頁 42～49。

92. 鄧曉華，2000，〈古南方漢語的特徵〉，《古漢語研究》。第 3 期，頁 2～7。

93. 黎運漢、張維耿，1991，《現代漢語修辭學》。臺北：書林，1 版。

94. 練春招，2001，〈客家方言與南方少數民族語言共同詞語考略〉，《嘉應大學學報》。第 2 期，頁 107～113。

95. 賴文英，2003a，〈《客英大辭典》的客話音系探析〉，《暨大學報》。第 7 卷第 2 期，頁 33～50。

96. 賴文英，2003b，〈新屋地區的多方言現象〉，《臺灣語言與語文教育》。第 5 期，頁 26～41。

97. 賴文英，2004a，〈客方言中的委婉語〉，《語文與國際研究》。第 1 期，創刊號，文藻外語學院出版。

98. 賴文英，2004b，〈客語中的方位詞〉，2004 年第五屆臺灣語文研究及教學國際學術研討會。臺中縣：靜宜大學。

99. 盧彥杰，1999，《新竹海陸客家話詞彙研究》。國立新竹師範學院臺灣語言與語文教育研究所碩士論文。

100. 謝宗先，1994，〈淺析委婉語：兼談禁忌語〉，《廣西大學學報》。第 3 期，

頁 87～91。

101. 戴慶廈主編，1998，《二十世紀的中國少數民族語言研究》。太原：書海出版社出版發行，第 1 版。

102. 儲澤祥，1995，〈現代漢語名詞的潛形態〉，《古漢語研究》。1995 年增刊，頁 48～64。

103. 鍾榮富，1991，〈論客家話的[V]聲母〉，《聲韻論叢》。第三輯。臺北：臺灣學生書局，頁 435～455。

104. 鍾榮富，1999，〈客家話研究的過去與未來發展〉，《漢學研究通訊》。第 67 期（17：3），頁 289～301。

105. 鍾榮富，2001，《福爾摩沙的烙印：臺灣客家話導論》【語言篇】（上、下冊）。臺北：行政院文化建設委員會。

106. 藍小玲，1999，《閩西客家方言》。廈門：廈門大學出版社。

107. 豐順縣縣志編纂委員會編，1995，《豐順縣志》。廣州：廣東人民出版社，第 1 版。

108. 羅美珍，2000，〈論族群互動中的語言接觸〉，《語言研究》。第 3 期，頁 1～20。

109. 羅美珍、鄧曉華，1995，《客家方言》。福州：福建教育出版社出版發行，第 1 版。

110. 羅香林，1992，《客家研究導論》。臺北：南天，臺灣 1 版。

111. 羅常培，1989，《語言與文化》。北京：語文出版社出版，第 1 版。

112. 羅常培，1999，《羅常培文集》第 1 卷。濟南：山東教育出版社，第 1 版。

113. 羅常培、王均編著，1957，《普通語音學綱要》。北京：科學出版社，第 1 版。

114. 羅肇錦，1984，《客語語法》。臺北：臺灣學生書局，初版。

115. 羅肇錦，1990，《臺灣的客家話》。臺北：臺原出版，第 1 版。

116. 羅肇錦，1996a，〈四縣客語附著成分結構〉，《「臺灣客家語概論」講授資料彙編》。臺北：臺灣語文學會出版，頁 117～153。

117. 羅肇錦，1996b，〈四縣客語虛詞的功能結構〉，《「臺灣客家語概論」講授資料彙編》。臺北：臺灣語文學會出版，頁 154～187。

118. 羅肇錦，1998，〈客話字線索與非本字思索〉，《國文學誌》。第 2 期，頁

383～413。

119. 羅肇錦，2000a，〈梅縣話是粵化客語說略〉，《國文學誌》。第 4 期，頁 119
～132。

120. 羅肇錦，2000b，《臺灣客家族群史》【語言篇】。南投：省文獻會。

121. 羅肇錦，2002a，〈客語祖源的另類思考〉，《客家文化學術研討會》。國立
中央大學客家研究中心，頁 1～11。

122. 羅肇錦，2002b，〈試論福建廣東客家話的源與變〉，《聲韻論叢》。第 12
輯，頁 229～246。

三、外文書目

1. Chung, Raung-fu.（鍾榮富）1989. *Aspects of Kejia phonology.* University of
Illionis at Urbana-Champaign.

2. Hudson, R. A. 1996. *Sociolinguistics.* Cambridge University Press, 2nd ed.

3. Labov, William. 1994. *Principles of Linguistic Change: Internal Factor.*
Oxford and Cambridge: Blackwell.

4. MacIver, D. 1992. *A Chinese-English dictionary: Hakka-dialect.* Taipei: SMC
Publishing Inc.[Reprinted].

5. O'grady, W. et al. 1997. *Comtemporary Linguistics：an Introduction.* London
& New York: Longman.

6. Richards, Jack C. 1998. *Longman Dictionary of Language Teaching &
Applied Linguistics.* Addison Wesley Longman China Ltd., 1st ed.

7. Saussure, F. de. 1956. *Course in general linguistics.* New York: McGraw-Hill.

8. Wang, William S. Y.（王士元）1969. Competing changes as a cause of residue.
*Languag*e 45.1:9-25.

9. 伊能嘉矩，1998，《蕃語調查ノート》。臺北：南天，初版。

四、網路資料庫

1. 中華民國教育部國語推行委員會，2002，《異體字字典》。臺北：教育部，
正式 4 版，網路版：http://140.111.1.40/start.htm。

附錄一　採集詞彙一覽表

一、天文

華語詞義	豐順詞彙	豐順語音	備　　註
下雨	落水（囉）	lok² ʃui¹¹（lo³³）	
下雨天	落水天	lok² ʃui¹¹ t'ien⁵³	
天狗食日	天狗食日	t'ien⁵³ keu¹¹ ʃit² ɲit⁵	
天狗食月	天狗食月	t'ien⁵³ keu¹¹ ʃit² ɲiet²	
天氣	天時	t'ien⁵³ ʃɨ⁵⁵	
天氣	天氣	t'ien⁵³ hi²²	
太陽	日頭	ɲit⁵⁻² t'eu⁵⁵	
月亮	月光	ɲiet² koŋ⁵³	
毛毛雨	水毛	ʃui¹¹ mo⁵³	
水	水	ʃui¹¹	
水災	水災	ʃui¹¹ **tsai**⁵³	
牛郎星	牛郎星	**ŋeu**⁵⁵ loŋ⁵⁵ siaŋ⁵³	
冬天	冷天	len⁵³ t'ien⁵³	
打雷	響雷公	hioŋ¹¹ lui⁵⁵ kuŋ⁵³	
冰雹	冰雹	pen⁵³ p'ok²	
好天氣	腌好天	an¹¹ ho¹¹ t'ien⁵³	
西北雨	西北水	si⁵³ pet⁵⁻² ʃui¹¹	

-213-

冷	冷	len⁵³	
旱災	天旱	t'ien⁵³ hon⁵³	
弦月	月光眉	ɲiet² koŋ⁵³ mi⁵⁵	
雨	水	ʃui¹¹	
非常熱	當熱	toŋ⁵³ ɲiet²	
星星	星	siaŋ⁵³	
洪水	做水災	tso¹¹ ʃui¹¹ tsai⁵³	
流星	星屙屎	siaŋ⁵³ o⁵³ ʃi¹¹	
流星	流星	liu⁵⁵ siaŋ⁵³	
夏天	熱天	ɲiet² t'ien⁵³	
烏雲	烏雲	vu⁵³ ʒun⁵⁵	
閃電	矅爁	ɲiap⁵˃² naŋ¹¹	
彩虹	虹	k'iuŋ³³	
涼	涼	lioŋ⁵⁵	
涼涼的	涼涼	lioŋ⁵⁵ lioŋ⁵⁵	
涼爽	涼爽	lioŋ⁵⁵ soŋ¹¹	
陰天	烏陰天	vu⁵³ ʒim⁵³ t'ien⁵³	
雪	雪	siet⁵	
稍微熱一點	小可熱	siau¹¹ k'o¹¹ ɲiet²	
雲	雲	ʒun⁵⁵	
暖和	燒暖	ʃeu⁵³ non⁵³	
漩渦	打波螺皺	ta¹¹ po⁵³ lo⁵⁵ tsiu¹¹	
漩渦	波螺皺	po⁵³ lo⁵⁵ tsiu¹¹	
漲潮	漲潮	tʃoŋ¹¹ tʃ'eu⁵⁵	
颱風	風災	fuŋ⁵³ ts'ai⁵³	
颱風	發風災	pot⁵˃² fuŋ⁵³ ts'ai⁵³	
熱	熱	ɲiet²	
熱得要命	會熱死	voi¹¹ ɲiet² si¹¹	
颱風下雨	發風落水	pot⁵˃² fuŋ⁵³ lok² ʃui¹¹	
霜	霜	soŋ⁵³	
織女星	織女星	tʃit⁵˃² ŋ¹¹ siaŋ⁵³	

霧	濛煙	muŋ⁵⁵ ʒen⁵³	
露水	露水	lu¹¹ ʃui¹¹	
驟雨	風匙水	fuŋ⁵³ ʃi⁵⁵ ʃui¹¹	
驟雨＝西北雨	打風匙水	ta¹¹ fuŋ⁵³ ʃi⁵⁵ ʃui¹¹	

二、地理

華語詞義	豐順詞彙	豐順語音	備　　註
上坡	上崎	ʃoŋ⁵³ kia¹¹	
土洞	窿	luŋ⁵⁵	
小水池	窟	k'ut⁵	
小溪	細溪	se¹¹ k'e⁵³	
山	山	san⁵³	
山下	山下	san⁵³ ha⁵³	
山上	山頂	san⁵³ taŋ¹¹	
山谷	山肚	san⁵³ tu¹¹	
山腰	半山	pan¹¹ san⁵³	
山裡頭	山肚	san⁵³ tu¹¹	
山嶺間	半山排	pan¹¹ san⁵³ p'e⁵⁵	
水庫	水庫	ʃui¹¹ k'u¹¹	
水浪花	水浪花	ʃui¹¹ loŋ¹¹ fa⁵³	
水溝	水溝	ʃui¹¹ keu⁵³	
水溝	圳溝	tʃun¹¹ keu⁵³	
田埂	田崁	t'ien⁵⁵ k'am¹¹	
田埂	田塍	t'ien⁵⁵ ʃin⁵⁵	
田埂	田駁	t'ien⁵⁵ pok⁵	
田埂	田畐	t'ien⁵⁵ fu⁵³	
田埂	竹駁	tʃuk⁵˃² pok⁵	
地上	泥下	ne⁵⁵ ha⁵³	
池塘	陂塘	pi⁵³ t'oŋ⁵⁵	
池塘堤	陂塘駁	pi⁵³ t'oŋ⁵⁵ pok⁵	
竹林	竹頭	tʃuk⁵˃² t'eu⁵⁵	有二意：1.指鋤掉之竹子剩竹頭. 2.指竹林。

旱田	旱田	hon⁵³ t'ien⁵⁵	
防風林	竹行	tʃuk⁵'² hoŋ⁵⁵	
防風林	風圍	fuŋ⁵³ vui⁵⁵	
坪	平地	p'iaŋ⁵⁵ t'i³³	
坡	崎	kia¹¹	
泥土	泥	**ne⁵⁵**	
河	溪	**k'e⁵³**	
河堤	溪駁	**k'e⁵³** pok⁵	
洞	空	k'uŋ⁵³	
海	海	hoi¹¹	
海邊	海脣	hoi¹¹ ʃun⁵⁵	
海邊	海邊	hoi¹¹ pien⁵³	
臭水	臭風水	tʃ'u¹¹ fuŋ⁵³ ʃui¹¹	
臭水溝	臭風水溝	tʃ'u¹¹ fuŋ⁵³ ʃui¹¹ keu⁵³	
埤頭＝水柵	陂頭	pi⁵³ t'eu⁵⁵	
淺水	淺水	ts'ien¹¹ ʃui¹¹	
涵洞	洞涵	t'uŋ³³ ham⁵⁵	
涵洞	涵空	ham⁵⁵ k'uŋ⁵³	
魚池	魚塘	ŋ̩⁵⁵ t'oŋ⁵⁵	
堤	駁	pok⁵	
森林	風圍	fuŋ⁵³ vui⁵⁵	
森林	森林	sem⁵³ lim⁵⁵	
鄉下	庄下	tsoŋ⁵³ ha¹¹	
溪水	溪水	**k'e⁵³** ʃui¹¹	
墳地	塚埔	tʃ'uŋ¹¹ pu⁵³	
樹叢	山圍	san⁵³ vui⁵⁵	
樹叢	排	**p'e⁵⁵**	
樹叢	樹林	ʃu³³ lim⁵⁵	
樹叢	樹圍	ʃu³³ vui⁵⁵	
懸崖	半壁	pan¹¹ piak⁵	
懸崖	崩崗	pen⁵³ koŋ⁵³	
爛泥	濫泥	nam¹¹ **ne⁵⁵**	

三、地名

（一）新屋鄉地名

華語詞義	豐順詞彙	豐順語音	備　　註
九斗村	九斗	kiu^{11} teu^{11}	
十五間	十五間	ʃip^2 ŋ̩^{11} kien^{53}	
十五間尾	十五間尾	ʃip^2 ŋ̩^{11} kien^{53} mui^{53}	
三塊厝	三座屋	sam^{53} ts'o^{11} vuk^5	
下田心	下田心	**ha^{53}** t'ien^{55} sim^{53}	
下田村	下田村	ha^{53} t'ien^{55} ts'un^{53}	
下埔村	下埔村	**ha^{53}** p'u^{53} ts'un^{53}	
下埔村（舊名）	下埔頂	ha^{53} p'u^{53} **ten^{11}**	為下埔村之舊地名。
下莊仔	下莊	ha^{53} tsoŋ^{53}	近永安。
下楝榔	下楝榔	ha^{53} k'oŋ^{55} loŋ^{55}	
上田里	上田里	ʃoŋ^{11} t'ien^{55} li^{53}	近富岡。
上青埔	上青埔	ʃoŋ^{11} ts'iaŋ^{53} p'u^{53}	
上楝榔	上楝榔	ʃoŋ^{11} k'oŋ^{55} loŋ^{55}	位於社子尾。
大牛欄	大牛欄	t'ai^{11} ŋeu^{55} lan^{55}	今名：永興村。
大坡	大陂	t'ai^{33} pi^{53}	
大坡村	大陂村	t'ai^{33} pi^{53} ts'un^{53}	
大莊埔	大莊埔	t'ai^{33} tsoŋ^{53} p'u^{53}	
水流	水流	ʃui^{11} liu^{55}	
水碓	水碓	ʃui^{11} toi^{11}	
北湖	北湖	pet$^{5>2}$ fu^{55}	
北勢	北勢	pet$^{5>2}$ ʃe^{11}	
永安（舊名）	崁頭屋	k'am^{11} t'eu^{55} vuk^5	
永安村	永安村	ʒuŋ^{53} on^{53} ts'un^{53}	
甲頭屋	甲頭屋	kap$^{5>2}$ t'eu^{55} vuk^5	
石牌村	石牌	ʃak^2 p'e^{55}	
石牌嶺（舊名）	石牌嶺	ʃak^2 p'e^{55} liaŋ^{53}	舊有地名，近清華。
石磊村	石堆	ʃak^2 toi^{53}	

后庄	后庄	heu¹¹ tsoŋ⁵³	
呂厝	呂屋	li⁵³ vuk⁵	
呂厝（舊名）	矮寮	e¹¹ liau⁵⁵	外人稱當地之俗名。
呂厝（舊名）	銀店	**nien⁵⁵** tiam¹¹	
赤牛欄＝赤欄村	赤牛欄	tʃ'ak⁵˃² **ŋeu⁵⁵** lan⁵⁵	
赤欄村＝赤牛欄	赤欄	tʃ'ak⁵˃² lan⁵⁵	
東明村	東明村	tuŋ⁵³ min⁵⁵ ts'un⁵³	
東明溪	東明溪	tuŋ⁵³ min⁵⁵ **k'e⁵³**	
東勢	東勢	tuŋ⁵³ ʃe¹¹	
社子	社	**ʃa¹¹**	
社子尾	社子尾	ʃa¹¹ tsɨ¹¹ mui⁵³	近楝榔頭。
社子尾（舊名）	白鶴屋	p'ak² hok² vuk⁵	
社子村	社子村	ʃa¹¹ tsɨ¹¹ ts'un⁵³	
社子溪	社仔溪	ʃa¹¹ e¹¹ **k'e⁵³**	
青草坡	青草陂	ts'iaŋ⁵³ ts'o¹¹ pi⁵³	
後湖	後湖	heu¹¹ fu⁵⁵	
紅泥坡	紅泥陂	fuŋ⁵⁵ **ne⁵⁵** pi⁵³	
紅崁頭	紅崁頭	fuŋ⁵⁵ k'am¹¹ t'eu⁵⁵	
員笨＝上田里	員笨	ʒen⁵⁵ p'un¹¹	
埔頂村	埔頂村	p'u⁵³ **ten¹¹** ts'un⁵³	
望間村	望間村	moŋ¹¹ kien⁵³ ts'un⁵³	
望間溪	望間溪	moŋ¹¹ kien⁵³ **k'e⁵³**	
清華村	清華村	ts'in⁵³ fa⁵⁵ ts'un⁵³	
深圳溪	深圳溪	tʃ'im⁵³ tʃun¹¹ **k'e⁵³**	
深圳頭	深圳頭	tʃ'im⁵³ tʃun¹¹ t'eu⁵⁵	
犁頭洲	犁頭洲	**le⁵⁵** t'eu⁵⁵ tʃu⁵³	
笨港村	笨港	**p'un¹¹** koŋ¹¹	
蚵殼港	蚵殼港	o⁵⁵ hok⁵˃² koŋ¹¹	
蚵間村	蚵間村	o⁵⁵ kien⁵³ ts'un⁵³	
曾屋	曾屋	tsen⁵³ vuk⁵	在永安。

游厝	游屋	ȝiu⁵⁵ vuk⁵	
游厝（舊名）	三角堀	sam⁵³ kok⁵⁻² k'ut⁵	
番婆坆	番婆坆	fan⁵³ p'o⁵⁵ vun⁵⁵	
新生村	新生村	sin⁵³ sen⁵³ ts'un⁵³	
新屋村	新屋村	sin⁵³ vuk⁵ ts'un⁵³	
新屋鄉	新屋鄉	sin⁵³ vuk⁵ hioŋ⁵³	
新屋溪	新屋溪	sin⁵³ vuk⁵ **k'e**⁵³	
葉屋	葉屋	ȝap² vuk⁵	
榕樹下	榕樹下	ȝoŋ⁵⁵ ʃu³³ ha⁵³	
福興溪	福興溪	fuk⁵⁻² hin⁵³ **k'e**⁵³	
頭洲村	犁頭洲	**le**⁵⁵ t'eu⁵⁵ tʃu⁵³	
羅屋	羅屋	lo⁵⁵ vuk⁵	
楺榔山	楺榔山	k'oŋ⁵⁵ loŋ⁵⁵ san⁵³	近上楺榔。
楺榔村	楺榔	k'oŋ⁵⁵ loŋ⁵⁵	
楺榔頭	楺榔頭	k'oŋ⁵⁵ loŋ⁵⁵ t'eu⁵⁵	

（二）其他地名

華語詞義	豐順詞彙	豐順語音	備　　註
三峽	三峽	sam⁵³ hiap²	
木柵	木柵	muk⁵⁻² ts'ak²	
台北市	台北市	t'oi⁵⁵ pet⁵⁻² ʃi¹¹	
亞洲	亞洲	a⁵³ tʃu⁵³	
阿里山	阿里山	a³³ li⁵⁵ san⁵³	
美國	美國	mi¹¹ kuet⁵	
英國	英國	ȝin⁵³ kuet⁵	
泰國	泰國	t'ai¹¹ kuet⁵	
黃河	黃河	voŋ⁵⁵ ho⁵⁵	
楊梅鎮	楊梅鎮	ȝoŋ⁵⁵ moi⁵⁵ tʃin¹¹	
綠島	綠島	liut² **to**¹¹	
臺灣省	臺灣省	t'oi⁵⁵ van⁵⁵ sen¹¹	
豐順縣	順豐縣	ʃun**¹¹** fuŋ⁵³ ȝen¹¹	
廬山	廬山	lu⁵⁵ san⁵³	
霧社	霧社	vu³³ ʃa¹¹	

四、時間，節令

華語詞義	豐順詞彙	豐順語音	備　　註
三更半夜	三光半夜	sam⁵³ koŋ⁵³ pan¹¹ ʒa³³	
下午	下晝	ha⁵³ tʃu¹¹	
下午	下晝頭	ha⁵³ tʃu¹¹ t'eu⁵⁵	
下個月	下隻月	ha⁵³ tʃak⁵﹥² ɲiet²	
上個月	上隻月	ʃoŋ¹¹ tʃak⁵﹥² ɲiet²	
大前天	大前日	t'ai³³ ts'ien⁵⁵ ɲit⁵	
大前年	大前年	t'ai³³ ts'ien⁵⁵ ɲien⁵⁵	
大後天	大後日	t'ai¹¹ heu¹¹ ɲit⁵	
大後年	大後年	t'ai¹¹ heu¹¹ ɲien⁵⁵	
不分晝夜	毋分日夜	m̩⁵⁵ fun⁵³ ɲit² ʒa³³	
不分晝夜	無日無夜	mo⁵⁵ ɲit² mo⁵⁵ ʒa³³	
中午	當晝	toŋ⁵³ **tʃu**¹¹	
中午回家休息	轉晝	tʃon¹¹ tʃu¹¹	
今天	今晡日	**kim⁵³** pu⁵³ ɲit⁵	
今年	今年	kin⁵³ ɲien⁵⁵	
今晚	今日暗夜	**kim⁵³** ɲit⁵ am¹¹ ʒa³³	
天未亮	天盲光	t'ien⁵⁵ maŋ⁵⁵ koŋ⁵³	
天快亮時	臨天光	lim⁵⁵ t'ien⁵³ koŋ⁵³	
天亮	天光	t'ien⁵³ koŋ⁵³	
天黑	**斷烏**	t'on⁵³ vu⁵³	
太陽下山	日頭下山	ɲit⁵﹥² t'eu⁵⁵ ha⁵³ san⁵³	
太陽下山	日頭落山	ɲit⁵﹥² t'eu⁵⁵ lok² san⁵³	
月中	月中央	ɲiet² tuŋ⁵³ oŋ⁵³	
月末＝月底	月底	ɲiet² **te**¹¹	
月末＝月底	月底	ɲiet² **te**¹¹	
月初	月頭	ɲiet² t'eu⁵⁵	
月餅	月餅	ɲiet² piaŋ¹¹	
去年	舊年	k'iu¹¹ ɲien⁵⁵	
白天	日時頭	ɲit⁵﹥² ʃi⁵⁵ t'eu⁵⁵	

吃午餐	食晝	ʃit² tʃu¹¹	
吃早餐	食朝	ʃit² tʃeu⁵³	
吃晚餐	食夜	ʃit² ʒa**³³**	
年中	年中央	nien⁵⁵ tuŋ⁵³ oŋ⁵³	
年末＝年底	年底	nien⁵⁵ te¹¹	
年末＝年底	年底	nien⁵⁵ te¹¹	
年初	年初	nien⁵⁵ ts'**o**⁵³	
年初	年初	nien⁵⁵ ts'u⁵³	
早上	朝晨早	**tʃeu**⁵³ ʃin⁵⁵ tso¹¹	
早上	朝晨頭	**tʃeu**⁵³ ʃin⁵⁵ t'eu⁵⁵	
明天	天光日	t'ien⁵³ koŋ⁵³ ɲit⁵	少說，*原四縣詞彙。
明天	韶早	ʃau⁵⁵ tso¹¹	
明年	旨年	maŋ⁵⁵ nien⁵⁵	
近中午時	臨晝	lim⁵⁵ tʃu¹¹	
前天	前日	ts'ien⁵⁵ ɲit⁵	
前年	前年	ts'ien⁵⁵ nien⁵⁵	
前兩個月	前兩隻月	ts'ien⁵⁵ lioŋ¹¹ tʃak⁵ᐳ² niet²	
後天	後日	heu**³³** ɲit⁵	
後年	後年	heu**³³** nien⁵⁵	
昨天	昨晡日	ts'o⁵³ pu⁵³ ɲit⁵	
接近傍晚	半晝半暗	pan¹¹ tʃu¹¹ pan¹¹ am¹¹	
晚上	暗晡夜	am¹¹ pu⁵³ ʒa**³³**	
晚上	暗晡頭	am¹¹ pu⁵³ t'eu⁵⁵	
晚上回家休息	轉夜	tʃon¹¹ ʒa**³³**	
這個月	這隻月	lia¹³ tʃak⁵ᐳ² niet²	
傍晚	暗昏	am¹¹ fun⁵³	
傍晚	臨暗頭	lim⁵⁵ am¹¹ t'eu⁵⁵	
過中午	過晝	ko¹¹ tʃu¹¹	
整夜	透夜	t'eu¹¹ ʒa**³³**	
整夜	透暗晡	t'eu¹¹ am¹¹ pu⁵³	

整個下午	透下晝	t'eu¹¹ ha⁵³ tʃu¹¹	
整個早上	透朝晨	t'eu¹¹ **tʃeu⁵³** ʃin⁵⁵	
整個早上	歸隻朝晨	kui⁵³ tʃak⁵ **tʃeu⁵³** ʃin⁵⁵	
雞啼	雞啼	ke⁵³ **t'e⁵⁵**	
七巧節	七月七	ts'it⁵ᐳ² ɲiet² ts'it⁵	
二月	二月	ɲi¹¹ ɲiet²	
十二月	十二月	ʃip² ɲi³³ ɲiet²	
中秋節	八月半	pat⁵ ɲiet² pan¹¹	
五月	五月	ŋ¹¹ ɲiet²	
四月	四月	si¹¹ ɲiet²	
正月	正月	tʃaŋ⁵³ ɲiet²	
正月十五＝元宵節	正月半	tʃaŋ⁵³ ɲiet² pan¹¹	
正月十五＝元宵節	過月半	ko¹¹ ɲiet² pan¹¹	
正月初一	年初一	ɲien⁵⁵ ts'u⁵³ ʒit⁵	
正月初二	年初二	ɲien⁵⁵ ts'u⁵³ ɲi¹¹	
正月初三	年初三	ɲien⁵⁵ ts'u⁵³ sam⁵³	
划龍船	划龍船	p'a⁵⁵ luŋ⁵⁵ ʃon⁵⁵	「划」或做「扒」字。
尾牙	尾牙	mui⁵³ ŋa⁵⁵	年終酬謝員工一年來的辛勞，約在農曆十二月十六日前後。
春天	春天	tʃun⁵³ t'ien⁵³	
秋天	秋天	ts'iu⁵³ t'ien⁵³	
重陽節	九月九做重陽	kiu¹¹ ɲiet² kiu¹¹ tso¹¹ tʃuŋ⁵⁵ ʒoŋ⁵⁵	
重陽節	重陽節	tʃuŋ⁵⁵ ʒoŋ⁵⁵ tsiet⁵	農曆九月九日。
除夕夜	三十暗晡	sam⁵³ ʃip² am¹¹ pu⁵³	
國曆年	新曆過年	sin⁵³ lak² ko¹¹ ɲien⁵⁵	
清明節	清明	ts'iaŋ⁵³ miaŋ⁵⁵	
閏月	閏月	ʒun¹¹ ɲiet²	
媽祖生日	媽祖生	ma⁵³ tsu¹¹ saŋ⁵³	農曆三月二十三日。

綁粽子	揞粽	t'ak$^{5>2}$ tsuŋ^{11}	
農曆七月二十	七月二十	ts'it^5 ɲiet^2 ɲi^{33} ʃip^2	客家人祭祀義民爺之日。
農曆七月十五	七月半	ts'it$^{5>2}$ ɲiet^2 pan^{11}	
過完年後	年過後	ɲien^{55} ko^{11} heu^{33}	
過農曆年	過年	ko^{11} ɲien^{55}	
端午節	五月節	ŋ^{11} ɲiet^2 tsiet^5	
觀音生日	觀音生	kon^{53} ʒim^{53} saŋ^{53}	農曆三月初三。
大雪	大雪	t'ai^{33} siet^5	
大寒	大寒	t'ai^{33} hon^{55}	
大暑	大暑	t'ai^{33} tʃ'u^{11}	
小雪	小雪	**siau^{11}** siet^5	
小寒	小寒	siau^{11} hon^{55}	
小暑	小暑	siau^{11} tʃ'u^{11}	
小滿	小滿	siau^{11} man^{53}	
冬至	冬至	tuŋ^{53} tʃi^{11}	國曆十二月的第四個星期日*冬至要吃湯圓表年末團圓。
冬至	冬節	tuŋ^{53} tsiet^5	
白露	白露	p'ak^2 lu^{11}	
立冬	立冬	lip^2 tuŋ^{53}	
立冬	補冬	pu^{11} tuŋ^{53}	在國曆十一月七或八日*立冬要吃補的食品，四神湯為代表之一。
立春	立春	lip^2 tʃ'un^{53}	
立秋	立秋	lip^2 ts'iu^{53}	
立夏	立夏	lip^2 ha^{33}	
芒種	芒種	moŋ^{55} tʃuŋ^{11}	
雨水	雨水	ʒi^{11} ʃui^{11}	
春分	春分	tʃ'un^{53} fun^{53}	
秋分	秋分	ts'iu^{53} fun^{53}	
夏至	夏至	ha^{33} tʃi^{11}	

清明	清明	ts'iaŋ⁵³ miaŋ⁵⁵	
處暑	處暑	tʃ'u¹¹ ʃu¹¹	
寒露	寒露	hon⁵⁵ lu¹¹	
穀雨	穀雨	kuk⁵﹥² ʒi¹¹	
霜降	霜降	soŋ⁵³ koŋ¹¹	
驚蟄	驚蟄	kiaŋ⁵³ tʃ'it²	

五、礦物及其他

華語詞義	豐順詞彙	豐順語音	備　　註
水銀	水銀	ʃui¹¹ ɲien⁵⁵	
生鏽	生鑠	saŋ⁵³ lu⁵³	
生鏽	發鑠	pot⁵﹥² lu⁵³	
白鐵	白鐵	p'ak² t'iet⁵	
石灰	石灰	ʃak² foi⁵³	
石棉	石棉	ʃak² mien⁵⁵	
石膏	石膏	ʃak² kau⁵³	
石頭	石牯	ʃak² ku¹¹	
戒指	禁指	kim¹¹ tʃɿ¹¹	
汽油	汽油	hi¹¹ ʒiu⁵⁵	
金子	金	kim⁵³	
硫礦	硫礦	liu⁵⁵ voŋ⁵⁵	
煤油	番油	fan⁵³ ʒiu⁵⁵	
銀	銀	ɲien⁵⁵	
銅	銅	t'uŋ⁵⁵	
鋁	a lu mi	a³³ lu⁵⁵ mi⁵³	*源自日語
錫	錫	siak⁵	
鏽	鑠	lu⁵³	
鐵	鐵	t'iet⁵	

六、動物，生物

（一）生肖

華語詞義	豐順詞彙	豐順語音	備　註
鼠	鼠	$tʃ'u^{11}$	
牛	牛	$ŋeu^{55}$	
虎	虎	fu^{11}	
兔	兔	$t'u^{11}$	
龍	龍	$liuŋ^{55}$	
蛇	蛇	$ʃa^{55}$	
馬	馬	ma^{53}	
羊	羊	$ʒoŋ^{55}$	
猴	猴	heu^{55}	
雞	雞	ke^{53}	
狗	狗	keu^{11}	
豬	豬	$tʃu^{53}$	

（二）飛禽

華語詞義	豐順詞彙	豐順語音	備　註
土生鴨	土生鴨	$t'u^{11} saŋ^{53} ap^5$	
土雞	土雞	$t'u^{11} ke^{53}$	
大公雞	雞公	$ke^{53} kuŋ^{53}$	
大卷尾	阿啾唧	$a^{33} tsiu^{55} tsit^5$	
小公雞	雞角	$ke^{53} kuk^5$	
小母雞	雞僆	$ke^{53} lon^{11}$	還沒下過蛋的小母雞。
小鴨	鴨子	$ap^{5>2} tsi^{11}$	
小雞	雞子	$ke^{53} tsɿ^{11}$	
小鵝	鵝子	$ŋo^{55} tsɿ^{11}$	
山雞	山雞	$san^{53} ke^{53}$	
公鴨	鴨公	$ap^{5>2} kuŋ^{53}$	
公雞	雞公	$ke^{53} kuŋ^{53}$	
公鵝	鵝公	$ŋo^{55} kuŋ^{53}$	

孔雀	孔雀	k'uŋ¹¹ ts'iok⁵	
水鴨	水鴨	ʃui¹¹ ap⁵	
火雞	火雞	fo¹¹ ke⁵³	
母鴨	鴨嫲	ap⁵ᐟ² ma⁵⁵	
母雞	雞嫲	ke⁵³ ma⁵⁵	
母鵝	鵝嫲	ŋo⁵⁵ ma⁵⁵	
田鴨	田鴨	t'ien⁵⁵ ap⁵	
白腹秧雞	補鑊鳥	pu¹¹ vok² tiau⁵³	
白頭翁	白頭公	p'ak² t'eu⁵⁵ kuŋ⁵³	
白鷺鷥	白鶴	p'ak² hok²	
竹雞	竹雞	tʃuk⁵ᐟ² ke⁵³	
老鷹	夜婆	ʒa³³ p'o⁵⁵	
老鷹—形較小	鷹	en⁵³	
伯勞鳥	伯勞嫲	pak⁵ᐟ² lo⁵⁵ ma⁵⁵	
夜鷺	夜呱	ʒa³³ kua⁵⁵	
烏鴉	烏鴉	vu⁵³ a⁵³	
麻雀	屋簷鳥	vuk⁵ᐟ² ʒam⁵⁵ tiau⁵³	
斑文鳥	烏嘴䳆	vu⁵³ tʃoi¹¹ pit⁵	
斑鳩	布穀	p'uk² ku⁵³	
畫眉鳥	畫眉鳥	fa³³ mi⁵⁵ tiau⁵³	
雄雞	雄雞	hiuŋ⁵⁵ ke⁵³	未去勢的公雞。
雉雞	雉雞	tʃ'i⁵³ ke⁵³	
褐頭鷦鶯	娘婆唧	ɲioŋ⁵⁵ p'o⁵⁵ tsit⁵	
燕子	燕	ʒan¹¹	
蕃鴨	蕃鴨	fan⁵³ ap⁵	
貓頭鷹	貓頭鳥	ɲiau¹¹ t'eu⁵⁵ tiau⁵³	
鴨子	鴨	ap⁵	
鴛鴦	鴛鴦	ʒan⁵³ ʒoŋ⁵³	
閹雞	閹雞	ʒam⁵³ ke⁵³	去勢的雞
鴿子	月鴿	niet² kap⁵	
雛鴨	鴨牶	ap⁵ᐟ² t'o⁵⁵	半大不小的鴨。

雛雞	雞牷	ke⁵³ t'o⁵⁵	半大不小的雞。
雛鵝	鵝豚	ŋo⁵⁵ t'un⁵⁵	雞鴨鵝中，只雛鵝無「鵝牷」之說法。
雞	雞	**ke⁵³**	
雞爪	雞爪	ke⁵³ tsau¹¹	
雞冠	雞髻	ke⁵³ ki¹¹	
雞嗉	雞䐡	ke⁵³ koi⁵³	
雞睪丸	雞核卵	ke⁵³ hak² lon¹¹	
雞腿	雞髀	ke⁵³ pi¹¹	
鵝	鵝	ŋo⁵⁵	
鵝頭冠	鵝髻	ŋo⁵⁵ ki¹¹	
鵪鶉	田凳	t'ien⁵⁵ ten¹¹	
鳳凰	鳳凰	fuŋ¹¹ foŋ⁵⁵	

（三）走獸

華語詞義	豐順詞彙	豐順語音	備　　註
土撥鼠	迍地鼠	p'un¹¹ t'i³³ tʃ'u¹¹	
大象	大象	t'ai³³ sioŋ¹¹	
大豬	大豬	t'ai³³ tʃu⁵³	
小牛	牛子	**ŋeu⁵⁵** tsɿ¹¹	
小母豬	豬嫲子	tʃu⁵³ ma⁵⁵ tsɿ¹¹	
小狗	狗子	keu¹¹ tsɿ¹¹	
小豬	細豬子	se¹¹ tʃu⁵³ tsɿ¹¹	
小豬	豬胚	tʃu⁵³ p'oi⁵³	
小貓	貓子	ȵiau¹¹ tsɿ¹¹	
山豬	山豬	san⁵³ tʃu⁵³	
山貓	山貓	san⁵³ ȵiau¹¹	
公牛	牛牯	**ŋeu⁵⁵** ku¹¹	
公羊	羊牯	ʒoŋ⁵⁵ ku¹¹	
公狗	狗牯	keu¹¹ ku¹¹	
公豬	豬公	tʃu⁵³ kuŋ⁵³	
公貓	貓牯	ȵiau¹¹ ku¹¹	

水牛	水牛	ʃui¹¹ ŋeu⁵⁵	
牛	牛	**ŋeu⁵⁵**	
母牛	牛嫲	**ŋeu⁵⁵** ma⁵⁵	
母羊	羊嫲	ʒoŋ⁵⁵ ma⁵⁵	
母狗	狗嫲	keu¹¹ ma⁵⁵	
母豬	豬嫲	tʃu⁵³ ma⁵⁵	
母貓	貓嫲	niau¹¹ ma⁵⁵	
田鼠	田鼠	t'ien⁵⁵ tʃ'u¹¹	
羊	羊	ʒoŋ⁵⁵	
老虎	老虎	lo¹¹ fu¹¹	
老鼠	老鼠	lo¹¹ tʃ'u¹¹	
乳豬	**奶豬**	nen⁵³ tʃu⁵³	
兔	兔	t'u¹¹	
狗	狗	keu¹¹	
狗窩	狗竇	keu¹¹ teu¹¹	
狐狸	狐狸	**hu⁵⁵** li⁵⁵	
長頸鹿	長頸鹿	tʃ'oŋ⁵⁵ kiaŋ¹¹ luk⁵	
穿山甲	**鯪鯉**	lien⁵⁵ li⁵³	*外來詞。
神豬	大豬公	t'ai³³ tʃu⁵³ kuŋ⁵³	
神豬	神豬	ʃin⁵⁵ tʃu⁵³	祭祀用的豬。
神豬	豬公	tʃu⁵³ kuŋ⁵³	
馬	馬	ma⁵³	
野狗	野狗	ʒa⁵³ keu¹¹	
鹿	鹿	luk⁵	
鹿	鹿	luk²	
鹿角	鹿角	luk² kok⁵	
猴子	猴	heu⁵⁵	
黃牛	赤牛	tʃ'ak⁵˃² ŋeu⁵⁵	
獅	獅	si⁵³	
瘋狗	癲狗	tien⁵³ keu¹¹	
種豬	豬哥	tʃu⁵³ ko⁵³	亦可用來罵男子很色。

豬	豬	tʃu⁵³	
貓	貓	ɲiau¹¹	
貓	貓公	ɲiau¹¹ kuŋ⁵³	
錢鼠	唧鼠	tsit² tʃʻu¹¹	
駱駝	駱駝	lot² tʻo⁵⁵	前字韻尾-t受後字韻頭t-之同化作用。

（四）其他類

華語詞義	豐順詞彙	豐順語音	備　　註
大青蛙	蛤蟆	ha⁵⁵ ma⁵⁵	
大黑蟻	蛇蟻公	ʃa⁵⁵ ŋe¹¹ kuŋ⁵³	
大蜘蛛	大蜊蜝	tʻai³³ la⁵⁵ kʻia⁵⁵	
大螞蟻	大蟻公	tʻai³³ ŋe¹¹ kuŋ⁵³	
孑孓	蟲	tʃʻuŋ⁵⁵	
小蜘蛛	蜊蜝子	la⁵⁵ kʻia⁵⁵ tsi¹¹	
天牛	山牛牯	san⁵³ ŋeu⁵⁵ ku¹¹	
水蛇	水蛇	ʃui¹¹ ʃa⁵⁵	
田蛙	田蜗	tʻien⁵⁵ kuai¹¹	
田螺	田螺	tʻien⁵⁵ lo⁵⁵	
甲蟲—之一	牛屎龜	ŋeu⁵⁵ ʃi¹¹ ku⁵³	鍬形蟲
甲蟲—之一	逤屎龜	pʻun¹¹ ʃi¹¹ ku⁵³	鍬形蟲
白蟻	白蟻	pʻak² ŋe¹¹	
百步蛇	百步蛇	pak⁵⁼² puʼ¹¹ ʃa⁵⁵	
米蟲	米龜	mi¹¹ ku⁵³	
米蟲	米蟲	mi¹¹ tʃʻuŋ⁵⁵	
吸血蟲—之一	牛鹿蜱	ŋeu⁵⁵ luk² pi⁵³	一種寄生在獸類上的蟲。
泥蜂	泥蜂	ne⁵⁵ pʻuŋ⁵³	
虎頭蜂	虎頭蜂	fu¹¹ tʻeu⁵⁵ pʻuŋ⁵³	
金龜子	金龜	kim⁵³ ku⁵³	
雨傘節	遮節	tʃa⁵³ tsiet⁵	
青竹絲	青竹絲	tsʻiaŋ⁵³ tʃuk⁵⁼² si⁵³	
青蛙	蜗	kuai¹¹	

紡織娘	禾蝦	vo⁵⁵ ha⁵⁵	
翅膀	翼甲	ʒit² kap⁵	
翅螞蟻	大水蟻	t'ai³³ ʃui¹¹ ŋe¹¹	通常在大雨前出現。
臭蟲	蜎蜱	kon⁵³ pi⁵³	會吸食人畜血液的一種昆蟲。
草把蛇	草把蛇	t'o¹¹ pa⁵³ ʃa⁵⁵	
蚊子	蚊	mun⁵³	
蚯蝪	狗嫲蛇	keu¹¹ ma⁵⁵ ʃa⁵⁵	
寄生蟲	雞蚩	ke⁵³ tʃ'i⁵⁵	一種寄生在雞身上的蟲。
眼鏡蛇	飯匙銃	p'on³³ ʃi⁵⁵ tʃ'uŋ¹¹	
蛇	蛇	ʃa⁵⁵	
蛇	蛇哥	ʃa⁵⁵ ko⁵³	「蛇哥」舊時常用在拐騙小孩之稱呼。
蛇舅母	狗嫲蛇	keu¹¹ ma⁵⁵ ʃa⁵⁵	
蛀蟲	蛀蟲	tʃu¹¹ tʃ'uŋ⁵⁵	
蛆	屎缸蟲	ʃi¹¹ koŋ⁵³ tʃ'uŋ⁵⁵	
蚱蜢	草蜢	ts'o¹¹ maŋ¹¹	
蚯蚓	蟲蟮	tʃ'uŋ⁵⁵ hien¹¹	
蚯蚓	蟲蟮公	tʃ'uŋ⁵⁵ hien¹¹ kuŋ⁵³	
筍龜	竹筍龜	tʃuk⁵>² sun¹¹ ku⁵³	
筍龜	筍龜	sun¹¹ ku⁵³	
筍蟲	筍蟲	sun¹¹ tʃ'uŋ⁵⁵	
蛔蟲	豺蟲	sai⁵⁵ tʃ'uŋ⁵⁵	
黃狗蜂	黃狗牯	voŋ⁵⁵ keu¹¹ ku¹¹	
黃蜂	黃蜂	voŋ⁵⁵ p'uŋ⁵³	
黃螞蟻	黃蟻公	voŋ⁵⁵ ŋe¹¹	
蜈蚣蟲	蜈蚣蟲	ŋ⁵⁵ kuŋ⁵³ tʃ'uŋ⁵⁵	
蜂窩	蜂竇	p'uŋ⁵³ teu¹¹	
跳蚤	狗蝨	keu¹¹ set⁵	
綠頭大蒼蠅	烏蠅公	vu⁵³ ʒin⁵⁵ kuŋ⁵³	
蒼蠅	烏蠅公	vu⁵³ ʒin⁵⁵ kuŋ⁵³	

蒼蠅糞	烏蠅屎	vu⁵³ ʒin⁵⁵ ʃi¹¹	
蜜蜂	蜂	p'uŋ⁵³	
蜻蜓	囊尾	noŋ⁵⁵ mi⁵³	
蜘蛛	蜘蛛	ti⁵³ tu⁵³	
蜘蛛	蝲蜞	la⁵⁵ k'ia⁵⁵	
鼻涕蟲	懶液	nan⁵³ ʒe⁵⁵	
穀牛	穀牛	kuk⁵ᐟ² ŋeu⁵⁵	
蝴蝶	蝶	ʒak²	
蝸牛	液螺	ʒe⁵⁵ lo⁵⁵	
蝙蝠	蝠婆	p'it² p'o⁵⁵	
蝌蚪	蝌蠕	kuai¹¹ nuk²	
壁虎	狗嫲蛇	keu¹¹ ma⁵⁵ ʃa⁵⁵	
樹蛙	竹葉蚜	tʃuk⁵ᐟ² ʒap² kuai¹¹	
樹蟲	樹蟲	ʃu³³ tʃ'uŋ⁵⁵	
築鳥巢	作鳥竇	tsok⁵ᐟ² tiau⁵³ teu¹¹	
螞蝗	蝴蜞	fu⁵⁵ k'i⁵⁵	
螞蟻	蟻公	ŋe¹¹ kuŋ⁵³	
螞蟻窩	蟻包	ŋe¹¹ pau⁵³	
螞蟻窩	蟻竇	ŋe¹¹ teu¹¹	
螢火蟲	火焰蟲	fo¹¹ ʒam¹¹ tʃ'uŋ⁵⁵	
頭蝨	蝨嫲	set⁵ᐟ² ma⁵⁵	
龜殼花	龜殼花	kui⁵³ k'ok⁵ᐟ² fa⁵³	
蟑螂	蜞蚻	k'i⁵⁵ ts'at²	
螳螂	老虎哥	lo¹¹ fu¹¹ ko⁵³	
蟋蟀	兔狗	t'u¹¹ keu¹¹	
蟋蟀	兔狗麥	t'u¹¹ keu¹¹ mak⁵	
蟋蟀	草蜞	ts'o¹¹ tsit²	
螽斯	禾蝦	vo⁵⁵ ha⁵⁵	
蟯蟲	蟯蟲	niau⁵⁵ tʃ'uŋ⁵⁵	
蟬	蟬	ʃam⁵⁵	
蟬的幼蟲	雞嫲蟲	ke⁵³ ma⁵⁵ tʃ'uŋ⁵⁵	

攀木蚯蜴	山狗太	san⁵³ keu¹¹ t'ai¹¹	
蟾蜍	蟾蜍	ʃam⁵⁵ ʃu⁵⁵	
蠶	蠶蟲	ts'am⁵⁵ tʃ'uŋ⁵⁵	
蠶包	蠶包	ts'am⁵⁵ pau⁵³	

（五）水中生物

華語詞義	豐順詞彙	豐順語音	備　　註
大肚魚	大肚蠋	t'ai³³ tu**¹¹﹥³³** kuet⁵	
文蛤	海蜆	hoi¹¹ han¹¹	泛稱海貝類。
白帶魚	揹帶魚	pa⁵⁵ tai¹¹ ŋ̩⁵⁵	
白鯧	白鯧	p'ak² ts'ioŋ⁵³	
石斑魚	石斑	ʃak² pan⁵³	
石螺	石螺	ʃak² lo⁵⁵	小型的。
肉鯽	肉鯽	ɲiuk⁵﹥² tsit⁵	
吳郭魚	福壽	fuk⁵﹥² ʃu¹¹	
牡蠣	蚵	o⁵⁵	
赤宗	赤宗	tʃ'ak⁵﹥² tsuŋ⁵³	
泥鰍	肥鰍	p'ui⁵⁵ ts'iu⁵³	
河蚌	蚌	p'oŋ⁵³	
河蜆	蜆	han¹¹	
花枝	花枝	fa⁵³ ki⁵³	
虱目魚	麥虱目	mak⁵ set⁵﹥² muk⁵	
金線鰱	金線魚	kim⁵³ sien¹¹ ŋ̩⁵⁵	
紅目鰱	紅目鰱	fuŋ⁵⁵ muk⁵﹥² lien⁵⁵	
紅蟳	蟳	ts'im⁵⁵	
背鰭	鰭傴	k'i⁵⁵ ku⁵³	
海水魚	鹹水魚	ham⁵⁵ ʃui¹¹ ŋ̩⁵⁵	
海參	海蔘	hoi¹¹ sem⁵³	
海豚	海狗	hoi¹¹ keu¹¹	
海鱸	海鱸	hoi¹¹ lu⁵⁵	
烏魚	烏	vu⁵³	
烏賊─小的	鎖管	so¹¹ kon¹¹	

烏龜	龜	kui^{53}	
草魚	草魚	ts'o^{11} ŋ̍^{55}	
淡水魚	淡水魚	t'am^{53} ʃui^{11} ŋ̍^{55}	
魚	魚	ŋ̍^{55}	
魚鰓	頦鰓	hoi^{55} soi^{53}	
魚鰭	魚鰭	ŋ̍^{55} k'i^{55}	
魚鱗	魚鱗	ŋ̍^{55} lin^{55}	
黃魚	黃魚	voŋ^{55} ŋ̍^{55}	
黑鯧	烏鯧	vu^{53} ts'ioŋ^{53}	
溪哥	鮊哥	p'a^{11} ko^{53}	
蝦	蝦公	ha^{55} kuŋ^{53}	
蝦虎	石搭	ʃak^{2} tap^{2}	
蝦虎	狗搭	keu^{11} ŋam^{11}	
魷魚	魷魚	ʒiu^{55} ŋ̍^{55}	
螃蟹	毛蟹	mo^{53} hai^{11}	
鮑魚	鮑魚	pau^{53} ŋ̍^{55}	
龍蝦	龍蝦	liuŋ^{55} ha^{55}	
總統魚	翹嘴魚	k'iau^{11} tʃoi^{11} ŋ̍^{55}	
鮭魚	三文魚	sam^{53} vun^{55} ŋ̍^{55}	
鯊魚	鯊魚	sa^{53} ŋ̍^{55}	
鯉魚	鯉嫲	li^{53} ma^{55}	
鯽魚	鯽魚	tsit$^{5>2}$ ŋ̍^{55}	
羅漢魚	竹篙標	tʃuk$^{5>2}$ ko^{53} piau^{53}	
鯰魚—之一	塘虱	t'oŋ^{55} set^{5}	體型較大，且有鬚。
鯰魚—之一	養公	ʒoŋ^{53} kuŋ^{53}	
鹹魚—之一	油塭	ʒiu^{55} vun^{53}	因邊煎時會出油，故而得名。
鐵甲魚	鐵甲魚	t'iet$^{5>2}$ kap$^{5>2}$ ŋ̍^{55}	
鱉	團魚	t'on^{55} ŋ̍^{55}	*忌諱詞。
鰱魚	鰱魚	lien^{55} ŋ̍^{55}	
鰱魚—之一	大頭鰱	t'ai^{33} t'eu^{55} lien^{55}	

鱧魚—之一	竹葉鱧	tʃuk⁵ˀ² ʒap² lien⁵⁵	
鰻魚	鰻	man⁵⁵	
鱔魚	黃鱔	voŋ⁵⁵ ʃen¹¹	
鱧魚	鱧	le¹¹	
鱷魚	鱷魚	ŋok² ŋ⁵⁵	

七、植物蔬果

（一）水果

華語詞義	豐順詞彙	豐順語音	備　　註
山楂果	仙楂	sien⁵³ tsa⁵³	
文旦柚	文旦	vun⁵⁵ tan¹¹	
木瓜	木瓜	muk⁵ˀ² kua⁵³	
水果	水果	ʃui¹¹ ko¹¹	
水果	果子	ko¹¹ tsi¹¹	
水柿	水柿	ʃui¹¹ k'i³³	浸漬的柿子。
百香果	t'o k'iet so	t'o¹¹ k'iet⁵ so⁵³	*源自日語。
李子	李	li¹¹	
芒果	酸	son⁵³	
果熟了	水果熟（了）	ʃui¹¹ ko¹¹ siuk⁵（le⁵³）	意指可採收了。
枇杷	枇杷	p'i⁵⁵ p'a⁵⁵	
芭樂	菝	pat²	
芭樂籽	菝仔仁	pat² le¹¹ ʒin⁵⁵	
芭樂籽	菝仔籽	pat² le¹¹ tsi¹¹	
芭蕉	芭蕉	pa⁵³ tsiau⁵³	
青心芭樂	青心菝	ts'iaŋ⁵³ sim⁵³ pat²	
柿餅	柿餅	k'i³³ piaŋ¹¹	曬乾的柿子。
柿霜	柿霜	k'i³³ soŋ⁵³	柿乾表面凝成的白粉。
柚子	柚	ʒiu³³	
柚子—圓的	斗柚	teu¹¹ ʒiu¹¹	
紅心芭樂	紅心菝	fuŋ⁵⁵ sim⁵³ pat²	

紅柿	紅柿	fuŋ⁵⁵ k'i³³	
紅棗	紅棗	fuŋ⁵⁵ tso¹¹	
香瓜	香瓜	hioŋ⁵³ kua⁵³	
香蕉	弓蕉	kiuŋ⁵³ tsiau⁵³	
桔子	桔	kit⁵	
桑椹	桑	son⁵³	依其音，應為「酸」字。
桑椹	蠶籽	ts'am⁵⁵ tsɨ¹¹	
桃子	桃	t'o⁵⁵	
荔枝	荔枝	li¹¹ tʃi⁵³	
高接梨	高接梨	ko⁵³ tsiap⁵﹥² li⁵⁵	
桶柑	桶柑	t'uŋ¹¹ kam⁵³	
梨子	水梨	ʃui¹¹ li⁵⁵	
棗子	棗	tso¹¹	
黃心芭樂	黃心菝	voŋ⁵⁵ sim⁵³ pat²	
黑棗	烏棗	vu⁵³ tso¹¹	
椪柑	椪柑	p'oŋ¹¹ kam⁵³	
新埔梨	新埔梨	sin⁵³ pu⁵³ li⁵⁵	
椰子	椰子	ʒe⁵⁵ tsɨ¹¹	
楊桃	楊桃	ʒoŋ⁵⁵ t'o⁵⁵	
葡萄	葡萄	p'u⁵⁵ t'o⁵⁵	
橫山梨	橫山梨	vaŋ⁵⁵ san⁵³ li⁵⁵	
橘子—之一	火燒柑	fo¹¹ ʃeu⁵³ kam⁵³	表皮較醜之橘子。
橘子—之一	虎頭柑	fu¹¹ t'eu⁵⁵ kam⁵³	拜拜用的大型橘子。
橘子—之一	柑	kam⁵³	
橘子—之一	海梨	hoi¹¹ li⁵⁵	橘子的品種之一。
橄欖	橄欖	ka⁵³ lam¹¹	
蕃茄	t'o mat to	t'o¹¹ mat⁵ to⁵³	*源自日語。
龍眼	牛眼	ŋeu⁵⁵ ŋan¹¹	
檸檬	檸檬	le¹³ voŋ⁵³	*源自日語。
鳳梨	黃梨	voŋ⁵⁵ li⁵⁵	

（二）植物

華語詞義	豐順詞彙	豐順語音	備　註
七里香	七里香	ts'it⁵>² li⁵⁵ hioŋ⁵³	
尤加里樹	尤加里	ȝiu⁵⁵ ka⁵³ li⁵³	
月桃花	月桃	ȵiet² t'o⁵⁵	
月桃葉	月桃葉	ȵiet² t'o⁵⁵ ȝap²	可當粄粽之葉。
木麻黃	麻黃樹	ma⁵⁵ voŋ⁵⁵ ʃu³³	
水草	水草	ʃui¹¹ ts'o¹¹	
牛斤草	牛斤草	**ŋeu⁵⁵ kien⁵³** ts'o¹¹	
布袋蓮	水浮蓮	ʃui¹¹ p'o⁵⁵ lien⁵⁵	
玉蘭花	玉蘭花	ȵiuk² lan⁵⁵ fa⁵³	
玉蘭花	香花	hioŋ⁵³ fa⁵³	
向日葵	日頭花	ȵit⁵>² t'eu⁵⁵ fa⁵³	
有刺之竹	擊竹	net⁵>² tʃuk⁵	
朴樹	嗶啵樹	p'it⁵ p'ok² ʃu³³	
竹子	竹	tʃuk⁵	
竹殼	竹殼	tʃuk⁵>² hok⁵	可當粽葉。
竹葉	竹葉	tʃuk⁵>² ȝap²	可當粽葉。
含羞草	詐死草	tsa¹¹ si¹¹ ts'o¹¹	
杉樹	杉	**ts'am¹¹**	
牡丹	牡丹	meu¹¹ tan⁵³	
芒草	娘婆	ȵioŋ⁵⁵ p'o⁵⁵	
芒草花	娘婆花	ȵioŋ⁵⁵ p'o⁵⁵ fa⁵³	
孟宗竹	貓眉竹	miau⁵⁵ mi⁵⁵ tʃuk⁵	
刺子	擊	net⁵	
抹草	抹草	mat⁵>² ts'o¹¹	
松柏	松柏	ts'iuŋ⁵⁵ pak⁵	
松樹	松樹	ts'iuŋ⁵⁵ ʃu³³	
芙蓉花	芙蓉花	fu⁵⁵ ȝuŋ⁵⁵ fa⁵³	
柳樹	柳樹	liu⁵³ ʃu³³	
相思樹	相思樹	hioŋ⁵³ si⁵³ ʃu³³	

美人蕉	蓮蕉花	lien⁵⁵ tsiau⁵³ fa⁵³	
苦楝樹	苦楝樹	**k'u**¹¹ lien³³ ʃu³³	
茄苳樹	茄苳樹	ka⁵³ **ten**⁵³ ʃu³³	
桂花	桂花	kui¹¹ fa⁵³	
桑樹	蠶樹	ts'am⁵⁵ ʃu³³	
浮萍	藻	p'iau⁵⁵	
草	草	ts'o¹¹	
草叢	草埔	ts'o¹¹ pu⁵³	
茶花	茶花	ts'a⁵⁵ fa⁵³	
茶樹	茶樹	ts'a⁵⁵ ʃu³³	
粄葉	粄葉	pan¹¹ ʒap²	
梅花	梅花	moi⁵⁵ fa⁵³	
荷花	蓮花	lien⁵⁵ fa⁵³	
菊花	菊花	k'iuk⁵﹥² fa⁵³	
溜苔	溜苔	liu⁵³ t'oi⁵⁵	
榕樹	伯公樹	pak⁵﹥² kuŋ⁵³ ʃu³³	土地公前種之樹。
榕樹	榕樹	ʒuŋ⁵⁵ ʃu³³	
粽葉	粽葉	tsuŋ¹¹ ʒap²	
樟樹	樟樹	tʃoŋ⁵³ ʃu³³	
蓮子	蓮子	lien⁵⁵ tsɨ¹¹	
蓮花	蓮花	lien⁵⁵ fa⁵³	
蓮藕	蓮根	lien⁵⁵ **kien**⁵³	
樹	樹	ʃu¹¹	
樹下	樹下	ʃu¹¹ ha⁵³	
樹上	樹頂	ʃu¹¹ taŋ¹¹	
樹枝	樹枝	ʃu¹¹ ki⁵³	
樹枝一之一	樹桍	ʃu¹¹ k'ua¹¹	
樹梢	樹椏	ʃu¹¹ va⁵³	
樹幹	樹莖	ʃu¹¹ **kien**⁵³	
樹葉	樹葉	ʃu¹¹ ʒap²	
樹蔭	樹影	ʃu¹¹ ʒaŋ¹¹	

樹頭	樹頭	ʃu¹¹ t'eu⁵⁵	
樹叢	樹芃	ʃu³³ p'uŋ⁵⁵	
樹叢下	樹芃下	ʃu³³ p'uŋ⁵⁵ ha⁵³	
雞油樹	雞油樹	ke⁵³ ʒiu⁵⁵ ʃu³³	
藤	藤	t'en⁵⁵	
蘭花	蘭花	lan⁵⁵ fa⁵³	
觀音竹	觀音竹	kon⁵³ ʒim⁵³ tʃuk⁵	

（三）蔬果

華語詞義	豐順詞彙	豐順語音	備　註
九層塔	七芫插	ts'it⁵ᐟ² ʒen⁵⁵ ts'ap⁵	
九層塔	七錢插	ts'it⁵ᐟ² ts'ien⁵⁵ ts'ap⁵	
大頭菜	結頭菜	kiet⁵ᐟ² t'eu⁵⁵ ts'oi¹¹	
太白粉	太白粉	t'ai³³ p'ak² fun¹¹	
太白粉	便利粉	p'ien³³ li³³ fun¹¹	
木耳	木耳	muk⁵ᐟ² mi¹¹	
水空心菜	水蕹菜	ʃui¹¹ vuŋ¹¹ᐟ³³ ts'oi¹¹	
冬瓜	冬瓜	tuŋ⁵³ kua⁵³	
冬筍	冬筍	tuŋ⁵³ sun¹¹	
包心菜	包心白	pau⁵³ sim⁵³ p'ak²	
四季豆	四季豆	si¹¹ kui¹¹ t'eu³³	
玉米	包粟	pau⁵³ siuk⁵	
玉米粒	包粟仁	pau⁵³ siuk⁵ ʒin⁵⁵	
甘蔗	甘蔗	kam⁵³ tʃa¹¹	
甘藍菜	包菜	pau⁵³ ts'oi¹¹	
白甘蔗	竹蔗	tʃuk⁵ᐟ² tʃa¹¹	製糖用。
白菜	白菜	p'ak² ts'oi¹¹	
地瓜	蕃薯	fan⁵³ ʃu⁵⁵	
地瓜粉	蕃薯粉	fan⁵³ ʃu⁵⁵ fun¹¹	
在萊米	秥米	tʃan⁵³ mi¹¹	
竹筍	竹筍	tʃuk⁵ᐟ² sun¹¹	

米	米	mi¹¹	
米糠	米糠	mi¹¹ **k'oŋ**⁵³	
老薑	老薑	lo¹¹ kioŋ⁵³	
西瓜	西瓜	si⁵³ kua⁵³	
佛手瓜	西洋瓜	si⁵³ ʒoŋ⁵⁵ kua⁵³	
杏仁	杏仁	hen¹¹ ʒin⁵⁵	
芋莖	芋荷	vu³³ ho⁵⁵	
芋頭	芋	vu³³	
芋頭	芋頭	vu³³ t'eu⁵⁵	
豆子	豆	t'eu³³	
豆餅	豆箍	t'eu³³ k'u⁵³	
泥竹	泥竹	**ne**⁵⁵ tʃuk⁵	
泥竹筍	泥竹筍	**ne**⁵⁵ tʃuk⁵˃² sun¹¹	
油菜	油菜	ʒiu⁵⁵ ts'oi¹¹	
空心菜	蕹菜	vuŋ¹¹ ts'oi¹¹	
芹菜	芹菜	**k'in**⁵⁵ ts'oi¹¹	
芹菜梗	芹菜梗	**k'in**⁵⁵ ts'oi¹¹ kuaŋ¹¹	
花生	地豆	t'i¹¹ t'eu³³	
花椰菜	花菜	fa⁵³ ts'oi¹¹	
芥菜	大菜	t'ai³³ ts'oi¹¹	
芥菜	佝腰菜	ku⁵³ ʒeu⁵³ ts'oi¹¹	
金針	金簪	kim⁵³ tsam⁵³	
長莢豆	長莢豆	tʃ'oŋ⁵⁵ kap⁵˃² t'eu³³	
青江菜	湯匙白	t'oŋ⁵³ ʃi⁵⁵ p'ak²	
青椒	青辣椒	ts'iaŋ⁵³ lat² tsiau⁵³	
芫荽	芫荽	ʒen⁵⁵ sui⁵³	
南瓜	金瓜	kim⁵³ kua⁵³	
南瓜	黃瓠	voŋ⁵⁵ p'u⁵⁵	
柑子	柑核	kam⁵³ fut²	
洋蔥	蔥頭	ts'uŋ⁵³ t'eu⁵⁵	
紅菜	紅菜	fuŋ⁵⁵ ts'oi¹¹	

紅蘿蔔	人蔘	**lin¹³ ʒin⁵³**	*源自日語。
紅蘿蔔	紅菜頭	fuŋ⁵⁵ ts'oi¹¹ t'eu⁵⁵	
胡瓜	瓠	p'u⁵⁵	
苦瓜	苦瓜	**k'u¹¹** kua⁵³	
茄子	茄	k'io⁵⁵	
韭菜	韭菜	kiu¹¹ ts'oi¹¹	
韭菜花	韭菜花	kiu¹¹ ts'oi¹¹ fa⁵³	
香菇	香菇	hioŋ⁵³ ku⁵³	
香蔥	紅蔥頭	fuŋ⁵⁵ ts'uŋ⁵³ t'eu⁵⁵	
核	子	tsɨ¹¹	指水果裏頭的。
核	仁	ʒin⁵⁵	
核	核	fut²	
桂竹	桂竹	kui¹¹ tʃuk⁵	
桂筍	桂竹筍	kui¹¹ tʃuk⁵⁻² sun¹¹	
海帶	海菜	hoi¹¹⁻³³ ts'oi¹¹	
烏豆	烏豆	vu⁵³ t'eu³³	
秧地	秧地	ʒoŋ⁵³ t'i¹¹	培育稻苗之田地。
草菇	草菇	ts'o¹¹ ku⁵³	
馬鈴薯	馬鈴薯	ma⁵³ lin⁵⁵ ʃu⁵⁵	
馬薺	馬薺	ma⁵³ ts'i⁵⁵	
高粱	黍	**siu⁵⁵**	
茭白筍	禾筍	vo⁵⁵ sun¹¹	
茼蒿	艾菜	ŋe¹¹ ts'oi¹¹	
甜椒	甜椒	t'iam⁵⁵ tsiau⁵³	
粗糠	粗糠	ts'u⁵³ **k'oŋ**⁵³	
細米糠	幼糠	ʒiu¹¹ **k'oŋ**⁵³	
莧菜	莧菜	han³³ ts'oi¹¹	
雪豆	雪豆	siet⁵⁻² t'eu³³	
麥子	麥	mak⁵	
麥片	麥片	mak⁵⁻² p'ien¹¹	
麥片	麥米	mak⁵⁻² mi¹¹	較麥片白。

麥殼	麥殼	mak⁵ᐟ² k'ok⁵	
麥糠	麥糠	mak⁵ᐟ² k'oŋ⁵³	
麻竹	麻竹	ma⁵⁵ tʃuk⁵	
麻筍	麻竹筍	ma⁵⁵ tʃuk⁵ᐟ² sun¹¹	
荳芽	荳芽	t'eu³³ ŋa⁵⁵	
筍	筍	sun¹¹	
筍乾	筍乾	sun¹¹ kon⁵³	
筍絲	筍絲	sun¹¹ si⁵³	
紫菜	海菜	hoi¹¹ᐟ³³ ts'oi¹¹	
絲瓜	菜瓜	ts'oi¹¹ kua⁵³	
菠菜	角菜	kok⁵ᐟ² ts'oi¹¹	
菱角	羊角	ʒoŋ⁵⁵ kok⁵	
菜子	菜仁	ts'oi¹¹ ʒin⁵⁵	
菜子	菜籽	ts'oi¹¹ tsɨ¹¹	
菜心	菜心	ts'oi¹¹ sim⁵³	
菜苗	菜秧	ts'oi¹¹ ʒoŋ⁵³	
菜乾	菜乾	ts'oi¹¹ kon⁵³	
菜梗—泛稱	菜梗—泛稱	ts'oi¹¹ kuaŋ¹¹	
菜絲	菜絲	ts'oi¹¹ si⁵³	
黃瓜	劈瓜	net⁵ᐟ² kua⁵³	
黃豆	黃豆	voŋ⁵⁵ t'eu³³	
葛薯	葛薯	kot⁵ᐟ² ʃu⁵⁵	
萵苣—人或鴨吃的	藚	mak²	
稗子	稗	p'ai¹¹	
嫩薑	嫩薑	nun¹¹ kioŋ⁵³	
綠竹筍	綠竹筍	liuk⁵ tʃuk⁵ᐟ² sun¹¹	
綠豆	綠豆	liuk² t'eu³³	
蒜	蒜	son¹¹	
蒜頭	蒜頭仁	son¹¹ t'eu⁵⁵ ʒin⁵⁵	
蒜頭	蒜頭米	son¹¹ t'eu⁵⁵ mi¹¹	較少說

辣椒—青的	青辣椒	ts'iaŋ⁵³ lat² tsiau⁵³	
辣椒—紅的	紅辣椒	fuŋ⁵⁵ lat² tsiau⁵³	
酸筍	酸筍	son⁵³ sun¹¹	
酸菜	鹹菜	ham⁵⁵ ts'oi¹¹	
穀殼	礱糠	luŋ⁵⁵ **k'oŋ**⁵³	
穀種	穀種	kuk⁵ᐳ² tʃuŋ¹¹	預備播種之種子。
稻子	禾	vo⁵⁵	
稻苗	秧	ʒoŋ⁵³	
稻穗	禾串	vo⁵⁵ tʃ'on¹¹	
稻叢	禾頭	vo⁵⁵ t'eu⁵⁵	
蓬萊米	內地米	nui³³ t'i³³ mi¹¹	
蔥	蔥	ts'uŋ⁵³	
豌豆	禾鐮豆	vo⁵⁵ liam⁵⁵ t'eu³³	
豌豆	荷蘭豆	ho⁵⁵ la**m**⁵⁵ t'eu³³	
豬耳朵菜	豬嫲耳	tʃu⁵³ ma⁵⁵ ɲi¹¹	
醃瓜	醃瓜	am⁵³ kua⁵³	
醃菜	覆菜	p'uk⁵ᐳ² ts'oi¹¹	
醃蘿蔔	水菜頭	ʃui¹¹ ts'oi¹¹ t'eu⁵⁵	
醃蘿蔔	水菜頭朗	ʃui¹¹ ts'oi¹¹ t'eu⁵⁵ loŋ⁵³	
醃蘿蔔	菜頭朗	ts'oi¹¹ t'eu⁵⁵ loŋ⁵³	
暹邏米	暹邏米	**sien**⁵³ lo⁵⁵ mi¹¹	
樹薯	樹薯	ʃu³³ ʃu⁵⁵	
蕃薯苗	蕃薯秧	fan⁵³ ʃu⁵⁵ ʒoŋ⁵³	
蕃薯葉	豬菜	tʃu⁵³ ts'oi¹¹	
蕃薯藤	蕃薯頭	fan⁵³ ʃu⁵⁵ t'eu⁵⁵	
糙米	糙米	ts'o¹¹ mi¹¹	
薑	薑嫲	kioŋ⁵³ ma⁵⁵	
檳榔	檳榔	pen⁵³ loŋ⁵⁵	
檳榔花	檳榔花	pen⁵³ loŋ⁵⁵ fa⁵³	
糯米	糯米	no³³ mi¹¹	
蘆筍	蘆筍	lu⁵⁵ sun¹¹	

麵粉	麵粉	mien³³ fun¹¹	
蘿蔔	菜頭	ts'oi¹¹ t'eu⁵⁵	
蘿蔔乾	菜頭脯	ts'oi¹¹ t'eu⁵⁵ pu¹¹	
蘿蔔絲	菜頭絲	ts'oi¹¹ t'eu⁵⁵ si⁵³	
蠶豆	田豆	t'ien⁵⁵ t'eu³³	

八、飲食

（一）佐料

華語詞義	豐順詞彙	豐順語音	備　　註
八角	八角子	pat⁵⁻² kok⁵⁻² tsi¹¹	
五花肉	三層肉	sam⁵³ ts'en⁵⁵ ɲiuk⁵	
五香粉	八角粉	pat⁵⁻² kok⁵⁻² fun¹¹	
白糖	白糖	p'ak² t'oŋ⁵⁵	
冰糖	冰糖	pen⁵³ t'oŋ⁵⁵	
味素	味素	**mui³³** so¹¹	
味噌	味素	mi¹¹ so¹¹	*源自日語。
砂糖	赤砂糖	tʃ'ak⁵⁻² sa⁵³ t'oŋ⁵⁵	
紅染料—食用	大紅	t'ai³³ fuŋ⁵⁵	
紅糖	烏糖	vu⁵³ t'oŋ⁵⁵	
胡椒	胡椒	fu⁵⁵ tsiau⁵³	
配料	配料	p'oi¹¹ liau³³	
粗鹽	粗鹽	ts'u⁵³ ʒam⁵⁵	
細砂糖	白砂糖	p'ak² sa⁵³ t'oŋ⁵⁵	
細鹽	幼鹽	ʒiu¹¹ ʒam⁵⁵	
發粉	發粉	fat⁵⁻² fun¹¹	給豬吃的。
發粉	酵子	kau¹¹ tsi¹¹	做粄發酵用的。
辣椒醬	辣椒醬	lat² tsiau⁵³ tsioŋ¹¹	
酵母粉	紅麴	fuŋ⁵⁵ k'iuk⁵	
蕃茄醬	t'o mat to tsioŋ	t'o³³ mat⁵ to⁵³ tsioŋ¹¹	*源自日語+方言語。

（二）品覺

華語詞義	豐順詞彙	豐順語音	備　註
水果多汁	腌多水	an^{11} to^{53} $\int ui^{11}$	
水果多汁	腌多汁	an^{11} to^{53} $t\int ip^{5}$	
合口味	合味	$kak^{5>2}$ mui^{33}	
有彈性	**球**	$k'iu^{55}$	指粄或飯有彈性或韌性。
味道	味道	**mui^{33}** $t'o^{11}$	
味道	鹹淡	ham^{55} $t'am^{53}$	
很有彈性	腌球哦	an^{11} $k'iu^{55}$ o^{13}	
很苦	當苦	ton^{53} $k'u^{11}$	
很香	腌香	an^{11} $hion^{53}$	
很新鮮	當霎	ton^{53} $ts'i^{53}$	
很辣	腌辣	an^{11} lat^{2}	
很酸	腌酸	an^{11} son^{53}	
很膩	腌畏人	an^{11} vui^{11} nin^{55}	
很澀	當澀	ton^{53} sep^{5}	
苦	苦	$k'u^{11}$	
香	香	$hion^{53}$	
氣味	**羴**	$hien^{11}$	
缺油水	齋	$tsai^{53}$	
脆	脆	$ts'e^{11}$	
臭油味	臭油漬	$t\int u^{11}$ $ʒiu^{55}$ $tsit^{5}$	指炒菜之油放太久所散出之味。
臭臊味—指肉類	臭臊	$t\int u^{11}$ so^{53}	指魚腐壞。
煮未熟	生生	san^{53} san^{53}	
發霉	生菇	san^{53} ku^{53}	
發霉—生斑點	上烏雞	son^{53} vu^{53} ke^{53}	如：竹子下過雨後生之霉斑。
稀	鮮	$sien^{53}$	
酥	酥	su^{53}	
韌	韌	**$niun^{33}$**	

新鮮	霽	ts'i⁵³	
極臭之味	臭齛	tʃ'u¹¹ ŋat⁵	
腥臭味	臭腥	tʃ'u¹¹ siaŋ⁵³	指蛇鼠之味。
腐臭	臭風	tʃ'u¹¹ fuŋ⁵³	
辣	辣	lat²	
酸	酸	son⁵³	
濃	醲	neu⁵⁵	
燒焦	臭火燒	tʃ'u¹¹ fo¹¹ ʃeu⁵³	
膩	畏	vui¹¹	
澀	澀	sep⁵	
鹹	鹹	ham⁵⁵	
爛─指煮食	洛	lok⁵	
爛─指煮食	綿	mien⁵⁵	

（三）一般食品

華語詞義	豐順詞彙	豐順語音	備　　註
九層糕	層一糕	ts'en⁵⁵ ʒit⁵˃² ko⁵³	一種鹹甜分層的米食，因為要「層層炊」而得名。
九層糕	層糕	ts'en⁵⁵ ko⁵³	一種鹹甜分層的米食，因為要「層層炊」而得名。
大骨	大骨	t'ai³³ kut⁵	熬湯用。
內臟─下水	下水	ha³³ ʃui⁵³	雞鴨的內臟。
內臟─腹內	腹內	puk⁵˃² nui¹¹	豬的內臟。
牙齦肉	牙床肉	ŋa⁵⁵ ts'oŋ⁵³ ɲiuk⁵	
仙草	仙草	sien⁵³ ts'o¹¹	
包子	包	pau⁵³	
玉米籽	包粟仁	pau⁵³ siuk⁵˃² ʒin⁵⁵	
生米漿團	生粄	saŋ⁵³ pan¹¹	
白斬雞	雞肉剁盤	ke⁵³ ɲiuk⁵ tok² p'an⁵⁵	
冰棒	枝冰	ki⁵³ pen⁵³	
年糕	甜粄	t'iam⁵⁵ pan¹¹	

米胚	粄嬤	pan¹¹ ma⁵⁵	做米糕用的米胚，未煮時呈塊狀，煮好呈黏稠塊狀，再加入「粄胚」中攪拌。
米粉	米粉	mi¹¹ fun¹¹	
米湯	糜飲	moi⁵⁵ ʒim¹¹	
米麩	米麩	mi¹¹ fu⁵³	將米炒酥後再磨成粉，加糖便可沾麻糬吃。其發展為：米麩→糕粉→綠豆粉→花豆粉。
米程	米程	mi¹¹ ts'aŋ⁵⁵	爆米花成四方塊狀，通常結婚時用。
肉乾	肉乾	ɲiuk⁵ᐳ² kon⁵³	
肉鬆	肉脯	ɲiuk⁵ᐳ² fu⁵³	
艾粄	艾粄	ŋe¹¹ pan¹¹	加入艾草蒸成的米食。
冷飯	冷飯	len⁵³ p'on³³	
芋粄	芋粄	vu³³ pan¹¹	以芋頭製成的糕。
芋頭冰	芋冰	vu¹¹ pen⁵³	
豆干	豆干	t'eu³³ kon⁵³	
豆花	豆花	t'eu³³ fa⁵³	
豆花	豆腐花	t'eu³³ fu¹¹ fa⁵³	
豆豉	豆醬	t'eu³³ tsioŋ¹¹	
豆豉—黃豆製	黃豆醬	voŋ⁵⁵ t'eu³³ tsioŋ¹¹	
豆豉—黑豆製	烏豆醬	vu⁵³ t'eu³³ tsioŋ¹¹	
豆腐	豆腐	t'eu³³ fu¹¹	
豆腐干	豆腐干	t'eu³³ fu¹¹ kon⁵³	
豆腐皮	豆腐皮	t'eu³³ fu¹¹ p'i⁵⁵	
豆腐乳	豆腐乳	t'eu³³ fu¹¹ ʒi⁵⁵	
豆腐渣	豆腐頭	t'eu³³ fu¹¹ t'eu⁵⁵	
豆漿	豆奶	t'eu³³ nen⁵³	
油豆腐	油豆腐	ʒiu⁵⁵ t'eu³³ fu¹¹	
油條	油條	ʒiu⁵⁵ t'iau⁵⁵	
油麵	油麵	ʒiu⁵⁵ mien³³	

炒菜	炒菜	ts'au¹¹ ts'oi¹¹	
肥油層	肥囊	p'ui⁵⁵ noŋ⁵⁵	
花生粉	地豆粉	t'i¹¹ t'eu³³ fun¹¹	
挑菜	擇菜	t'ok² ts'oi¹¹	
紅豆	紅豆	fuŋ⁵⁵ t'eu³³	
紅豆沙	紅豆沙	fuŋ⁵⁵ t'eu³³ sa⁵³	
紅龜粿	紅粄	fuŋ⁵⁵ pan¹¹	以龜形模型壓製成的米食。
胛心	胛心	kap⁵˃² sim⁵³	前腿肉。
香腸	煙腸	ʒen⁵³ tʃ'oŋ⁵⁵	
粉圓	粉圓	fun¹¹ ʒen⁵⁵	
脂肪層	網紗油	mioŋ¹¹ sa⁵³ ʒiu⁵⁵	豬腹內脂肪層。
臭豆腐	臭豆腐	tʃ'u¹¹ t'eu³³ fu¹¹	
粄條	粄條	pan¹¹ t'iau⁵⁵	客家米食之一。
粄塊	粄脆	pan¹¹ ts'e¹¹	米磨成漿，經濾乾之塊狀，用來製造糕點。亦稱「粄肧」。
粄塊	粄肧	pan¹¹ p'oi⁵³	米磨成漿，經濾乾之塊狀，用來製造糕點。亦稱「粄脆」。
粄粽	粄粽	pan¹¹ tsuŋ¹¹	內部非米粒狀的粽子。
粄漿	粄漿	pan¹¹ tsioŋ¹¹	
假喜粄	粄	pan¹¹	似發粄但無發，呈團狀。
荷包蛋	卵包	lon¹¹ pau⁵³	
蛋白	卵白	lon¹¹ p'ak²	
蛋黃	卵黃	lon¹¹ voŋ⁵⁵	
蛋糕	雞卵糕	ke⁵³ lon¹¹ ko⁵³	
魚丸	魚丸	ŋ̍⁵⁵ ʒen⁵⁵	
麥芽糖	麥芽糖	mak⁵˃² ŋa⁵⁵ t'oŋ⁵⁵	
麻糬	粢粑	ts'i⁵⁵ pa⁵³	一種以舂臼捶製成之米食。
湯圓	粄圓	pan¹¹ ʒen⁵⁵	
發糕	發粄	fat⁵˃² pan¹¹	

稀飯	糜	moi⁵⁵	
菜包	菜包	ts'oi¹¹ pau⁵³	
飯	飯	p'on³³	
飯粒	飯糝	p'on³³ sam¹¹	
焢肉—小塊的	焢肉	k'oŋ¹¹ ɲiuk⁵	
搓粄	仚粄	ts'ip² pan¹¹	
碗粿	水粄	ʃui¹¹ pan¹¹	
硼砂	鹼	ki⁵³	火燒稻草成灰後浸漬而成的鹼油，可用來洗滌，防腐，或作「焿粽」。
葷菜	葷菜	fun⁵³ ts'oi¹¹	
蜂蜜	蜂糖	p'uŋ⁵³ t'oŋ⁵⁵	
裡脊肉	胸條肉	moi⁵⁵ t'iau⁵⁵ ɲiuk⁵	
零食	四秀	si¹¹ siu¹¹	
零食	零搭	**len⁵⁵** tap²	
零食	零零搭搭	**len⁵⁵ len⁵⁵** tap² tap²	
粽子	粽	tsuŋ¹¹	
綠豆沙	綠豆沙	liuk² t'eu³³ sa⁵³	
綠豆粉	綠豆粉	liuk² t'eu³³ fun¹¹	
酸梅	酸梅	son⁵³ moi⁵⁵	
槽頭肉	槽頭肉	ts'o⁵⁵ t'eu⁵⁵ ɲiuk⁵	豬頸部之肉。
熱飯	燒飯	ʃeu⁵³ p'on³³	
瘦肉	精豬肉	tsiaŋ⁵³ tʃu⁵³ ɲiuk⁵	
蝦仁	蝦仁	ha⁵⁵ ʒin⁵⁵	
蝦米	蝦米	ha⁵⁵ mi¹¹	
蝦米—小片的	蝦蜱	ha⁵⁵ pi⁵³	
豬大腸	豬腸	tʃu⁵³ tʃ'oŋ⁵⁵	
豬小腸	豬粉腸	tʃu⁵³ fun¹¹ tʃ'oŋ⁵⁵	
豬心	豬心	tʃu⁵³ sim⁵³	
豬肉	豬肉	tʃu⁵³ ɲiuk⁵	
豬舌頭	豬利頭	tʃu⁵³ li³³ t'eu⁵⁵	*忌諱詞。
豬血	豬紅	tʃu⁵³ fuŋ⁵⁵	*忌諱詞。

豬肝	豬肝	tʃu⁵³ kon⁵³	
豬肚	豬肚	tʃu⁵³ tu¹¹	
豬油	豬油	tʃu⁵³ ʒiu⁵⁵	
豬油渣	豬油粕	tʃu⁵³ ʒiu⁵⁵ p'ok⁵	
豬肺	豬肺	tʃu⁵³ hi¹¹	或做「豬氣」。
豬背脊骨	尾鬃骨	mui⁵³ tsuŋ⁵³ kut⁵	
豬胰臟	禾鐮鐵	vo⁵⁵ liam⁵⁵ t'iet⁵	以形狀命名。
豬眼球	豬目睭	tʃu⁵³ muk⁵⁻² tsiu⁵³	
豬腎	豬腰	tʃu⁵³ ʒeu⁵³	
豬腳	豬腳	tʃu⁵³ kiok⁵	
豬腦	豬腦	tʃu⁵³ no¹¹	
豬頭皮	豬頭皮	tʃu⁵³ t'eu⁵⁵ p'i⁵⁵	
豬頭肉	豬頭肉	tʃu⁵³ t'eu⁵⁵ ɲiuk⁵	
豬膽	豬膽	tʃu⁵³ tam¹¹	
豬囊	豬肉囊	tʃu⁵³ ɲiuk⁵⁻² noŋ⁵⁵	
濃茶	釅茶	ɲiam⁵⁵ ts'a⁵⁵	
糕—泛稱	粄	pan¹¹	隨手製成的粄，薄片狀。
糕粉	糕粉	ko⁵³ fun¹¹	
蕃薯湯圓	蕃薯圓	fan⁵³ ʃu⁵⁵ ʒen⁵⁵	以地瓜粉製成的湯圓
蕃薯簽	蕃薯簽	fan⁵³ ʃu⁵⁵ ts'iam⁵³	
鴨蛋	鴨卵	ap⁵⁻² lon¹¹	
壓粄漿	砣粄	tsak⁵⁻² pan¹¹	
鍋巴	飯烮	p'on³³ lat⁵	
齋菜	齋菜	tsai⁵³ ts'oi¹¹	
醬瓜	醬瓜	tsioŋ¹¹ kua⁵³	
雞皮	雞皮	ke⁵³ p'i⁵⁵	
雞血	雞紅	ke⁵³ fuŋ⁵⁵	*忌諱詞。
雞肝	雞肝	ke⁵³ kon⁵³	
雞胗	雞胗	ke⁵³ k'in⁵³	
雞酒	雞酒	ke⁵³ tsiu¹¹	
雞蛋	雞卵	ke⁵³ lon¹¹	

雞鴨	雞鴨	ke⁵³ ap⁵	
饅頭	饅頭	man⁵⁵ t'eu⁵⁵	
糯米	糯米	no³³ mi¹¹	
糯米飯	糯米飯	no³³ mi¹¹ p'on³³	含油飯，八寶飯。
鹹粄	鹹粄	ham⁵⁵ pan¹¹	
鹹粽	鹹粽	ham⁵⁵ tsuŋ¹¹	包鹹餡的粽子。
麵	麵	mien³³	
麵包	麵包	mien¹¹ pau⁵³	
麵條	麵條	mien³³ t'iau⁵⁵	
麵線	麵線	mien¹¹ sien¹¹	
蘿蔔糕	菜頭粄	ts'oi¹¹ t'eu⁵⁵ pan¹¹	
鹼粽	鹼粽	ki⁵³ tsuŋ¹¹	
脚筋	脚筋	kiok⁵⁻² **kien⁵³**	
蹄膀	封肉	fuŋ⁵³ ɲiuk⁵	

（四）液體類

華語詞義	豐順詞彙	豐順語音	備　　註
五加皮	五加皮	ŋ̩¹¹ ka⁵³ **pi⁵⁵**	
太白酒	太白酒	t'ai¹¹ p'ak² tsiu¹¹	
牛奶	**牛奶**	**ŋeu⁵⁵ nen⁵³**	
冬瓜茶	冬瓜茶	tuŋ⁵³ kua⁵³ ts'a⁵⁵	
生水	冷水	**len⁵³** ʃui¹¹	
米酒	米酒	mi¹¹ tsiu¹¹	
米酒頭	米酒頭	mi¹¹ tsiu¹¹ t'eu⁵⁵	
米漿	米奶	mi¹¹ **nen⁵³**	
沙士	沙士	sa⁵³ si¹¹	
汽水	汽水	k'i¹¹ ʃui¹¹	
汽水	涼水	lioŋ⁵⁵ ʃui¹¹	
花生油	地豆油	t'i¹¹ t'eu³³ ʒiu⁵⁵	
虎骨酒	虎骨酒	fu¹¹ kut⁵⁻² tsiu¹¹	

青草茶	青草茶	ts'iaŋ^{53} ts'o^{11} ts'a^{55}	
柚子茶	柚茶	ʒiu^{33} ts'a^{55}	一種將茶葉塞在柚皮曬製而成的茶。
紅茶	紅茶	fuŋ^{55} ts'a^{55}	
紅露酒	紅露酒	fuŋ^{55} luk^2 tsiu^{11}	
烏梅酒	烏梅酒	vu^{53} moi^{55} tsiu^{11}	
烏醋	酸醋	son^{53} sɿ^{11}	
茶	茶	ts'a^{55}	
茶枝	茶骨	ts'a^{55} kut^5	茶葉的粗枝。
茶油—之一	正茶油	tʃin^{11} ts'a^{55} ʒiu^{55}	
茶油—之一	匙茶油	ʃɿ^{55} ts'a^{55} ʒiu^{55}	以茶葉之茶漬做成的。
茶油—泛稱	茶油	ts'a^{55} ʒiu^{55}	
茶葉	茶米	ts'a^{55} mi^{11}	
茶葉	茶葉	ts'a^{55} ʒap^2	
酒	酒	tsiu^{11}	
酒水	酒水	tsiu^{11} ʃui^{11}	
高湯	肥湯	pui^{55} t'oŋ^{53}	
高粱酒	高粱酒	ko^{53} lioŋ^{55} tsiu^{11}	
涼茶	涼茶	lioŋ^{55} ts'a^{55}	
紹興酒	紹興酒	ʃeu^{11} hin^{53} tsiu^{11}	
麻油	麻油	ma^{55} ʒiu^{55}	
開水	滾水	kun^{11} ʃui^{11}	
雄黃酒＝黃酒	黃酒	voŋ^{55} tsiu^{11}	
黃酒	黃酒	voŋ^{55} tsiu^{11}	
楊桃汁	楊桃水	ʒoŋ^{55} t'o^{55} ʃui^{11}	
醋	酸醋	son^{53} sɿ^{11}	
醬油	豆油	t'eu^{33} ʒiu^{55}	
馨油	香油	hioŋ^{53} ʒiu^{55}	

九、服飾

華語詞義	豐順詞彙	豐順語音	備　　註
大衣	大衫	t'ai¹¹ sam⁵³	
大衣	襖婆	o¹¹ p'o⁵⁵	
大襟衫	大襟衫	t'ai³³ k'im⁵³ sam⁵³	民初之服裝，只女人在穿。
內衣	身底杉	ʃin⁵³ te¹¹ sam⁵³	
內裡	裡	li⁵³	
內褲	身底褲	ʃin⁵³ te¹¹ k'u¹¹	
手帕	手帕	ʃu¹¹ p'a¹¹	
手套	手袋	ʃu¹¹ t'oi³³	
木屐	屐	k'iak⁵	
毛巾—洗澡用	洗身帕	se¹¹ ʃin⁵³ p'a¹¹	
毛衣	膨紗衫	p'oŋ¹¹ sa⁵³ sam⁵³	
毛線帽	膨紗帽	p'oŋ¹¹ sa⁵³ mo³³	
冬衣	冬衫	tuŋ⁵³ sam⁵³	1. 似「被」，但裏頭無棉。 2. 背小孩的大背巾。
包脚鞋	包脚鞋	pau⁵³ kiok⁵ᐟ² he⁵⁵	
四脚內褲	水褲頭	ʃui¹¹ k'u¹¹ t'eu⁵⁵	
外衣	面衫	mien¹¹ sam⁵³	
布料	布料	pu¹¹ liau³³	
布鞋	布鞋	pu¹¹ he⁵⁵	
皮帶	皮帶	p'i⁵⁵ tai¹¹	
皮鞋	皮鞋	p'i⁵⁵ he⁵⁵	
安全帽	安全帽	on⁵³ ts'ion⁵⁵ mo³³	
衣服	衫	sam⁵³	
衣服—整套的	衫褲	sam⁵³ k'u¹¹	
衣物縐折	縐	tsiu¹¹	
衣架	衫架	sam⁵³ ka¹¹	
衣袋	衫袋	sam⁵³ t'oi³³	
衣襟	衫Y	sam⁵³ a⁵³	

西裝	西裝	si⁵³ tsoŋ⁵³	
西裝褲	西裝褲	si⁵³ tsoŋ⁵³ **k'u**¹¹	
尿布	尿布	ȵiau³³ pu¹¹	
尿布	尿裙	ȵiau³³ k'iun⁵⁵	
折衣服	摺衫	tʃap⁵﹥² sam⁵³	
肚兜—女人用	肚圍	tu¹¹ vui⁵⁵	
肚兜—小孩用	瀾ㄚ	lan⁵⁵ a⁵³	
拐杖	拐棍	kuai¹¹ kun¹¹	
拖鞋	拖鞋	t'o⁵³ **he**⁵⁵	
枕巾	枕頭布	tʃim¹¹ t'eu⁵⁵ pu¹¹	
枕頭	枕頭	tʃim¹¹ t'eu⁵⁵	
雨衣	水衣	ʃui¹¹ ʒi⁵³	
雨鞋	水鞋	ʃui¹¹ **he**⁵⁵	
雨鞋	靴筒	hio⁵³ t'uŋ⁵⁵	
洋裝	長衫	tʃ'oŋ⁵⁵ sam⁵³	
洋裝	洋裝	ʒoŋ⁵⁵ tsoŋ⁵³	
背巾	揹帶	pa⁵⁵ tai¹¹	
背心	袷	kap⁵	
背帶	揹帶	pa⁵⁵ tai¹¹	背小孩用的。
胭脂	**膏粉**	**ko**⁵³ fun¹¹	
草帽	草帽	ts'o¹¹ mo³³	
草鞋	草鞋	ts'o¹¹ **he**⁵⁵	
高跟鞋	高踭鞋	ko⁵³ tsaŋ⁵³ **he**⁵⁵	
被子	被	p'i⁵³	
被單	被單	p'i⁵⁵ tan⁵³	
袖子	衫袖	sam⁵³ ts'iu¹¹	
袖套	手袖	ʃu¹¹ ts'iu³³	
麻布	粗布	**ts'u**⁵³ pu¹¹	
圍裙	圍身裙	vui⁵³ ʃin⁵³ k'iun⁵⁵	
帽子	帽	mo³³	
帽簷	帽屏	mo¹¹ p'in⁵⁵	

棉被	冬被	tuŋ⁵³ p'i⁵³	
棉被	被	p'i⁵³	
棉被	被骨	p'i⁵³ kut⁵	
毯子	毯	t'an¹¹	
絲羅綢緞	**綢布**	**tʃ'u**⁵⁵ pu¹¹	
開襠褲	**倒搭褲**	to¹¹ tap⁵˃² **k'u**¹¹	
新娘衫	新娘衫	sin⁵³ ȵioŋ⁵⁵ sam⁵³	
裙子	裙	k'iun⁵⁵	
睡衣	著睡衫	tʃok⁵˃² ʃoi¹¹ sam⁵³	
臺灣衫	**臺灣衫**	t'oi⁵⁵ van⁵⁵ sam⁵³	民初之服裝，只男人在穿。
領子	領	liaŋ⁵³	
鞋子	**鞋**	**he**⁵⁵	
褲子	**褲**	**k'u**¹¹	
褲袋	褲袋	k'u¹¹ t'oi³³	
戴帽	戴帽	tai¹¹ mo³³	
擦胭脂	膏胭脂	**ko**⁵⁵ ʒen⁵³ tʃi⁵³	
繡鞋	繡鞋	siu¹¹ **he**⁵⁵	
鬆緊帶	糾帶	kiu⁵⁵ tai¹¹	
纏腳布	**包腳**嫲	pau⁵³ kiok⁵˃² ma⁵⁵	
襪子	襪	mat⁵	
襯衫	vai siet tsɨ	vai¹³ siet⁵ tsɨ¹¹	*源自日語

十、房舍建築

華語詞義	豐順詞彙	豐順語音	備　　註
入新居	入新屋	ȵip² sin⁵³ vuk⁵	
三合院	五虎下山	ŋ̍¹¹ fu¹¹ ha⁵³ san⁵³	
三合院	五虎下山	ŋ̍¹¹ fu¹¹ ha⁵³ san⁵³	
小房子	矮屋	e¹¹ vuk⁵	
井	井	tsiaŋ¹¹	
天井	天井	t'ien⁵³ tsiaŋ¹¹	
天花板	天蓬	t'ien⁵³ p'uŋ⁵⁵	

天窗	天窗	t'ien⁵³ ts'uŋ⁵³	
天窗	光窗	koŋ⁵³ ts'uŋ⁵³	
木板	枋	pioŋ⁵³	
瓦	瓦	ŋa¹¹	
寺廟	廟	miau¹¹	
走廊	走廊	tseu¹¹ loŋ⁵⁵	
兩層	兩棧	lioŋ¹¹ tsam¹¹	
兩層	兩層	lioŋ¹¹ ts'en⁵⁵	
兩層	雙棧	suŋ⁵³ tsam¹¹	
房子	屋	vuk⁵	
房間	房間	foŋ⁵⁵ kien⁵³	
房間	間肚	kien⁵³ tu¹¹	
門	門	mun⁵⁵	
門環	門圈	mun⁵⁵ k'ien⁵³	
門聯	門聯	mun⁵⁵ lien⁵⁵	
門檻	門檻	mun⁵⁵ k'iam⁵³	
門鎖	門鎖	mun⁵⁵ so¹¹	
客廳	**廳下**	**t'en**⁵³ ha⁵³	
屋頂	屋蓋頂	vuk⁵ᐟ² koi¹¹ taŋ¹¹	
•屋裡	屋肚	vuk⁵ᐟ² tu¹¹	
屋跡	屋跡	vuk⁵ᐟ² tsiak⁵	房子的舊地基。
柱子	頓	tun¹¹	
柱子	磚頓	tʃon⁵³ tun¹¹	
風水墳墓	風水	fuŋ⁵³ ʃui¹¹	指墳墓的風水。
家	屋下	vuk⁵ ha⁵³	
書房	書房	ʃu⁵³ foŋ⁵⁵	
破瓦片	瓦析	ŋa¹¹ sak⁵	
祠堂	公廳	kuŋ⁵³ **t'en**⁵³	
高樓大廈	大樓高舍	t'ai³³ leu⁵⁵ ko⁵³ ʃa¹¹	
掃地	**掃泥下**	so¹¹ **ne**⁵⁵ ha⁵³	
梯子	梯	t'oi⁵³	

廁所	廁缸	ts'a¹¹ koŋ⁵³	
棟樑	棟樑	tuŋ¹¹ lioŋ⁵⁵	
窗戶	窗門	ts'uŋ⁵³ mun⁵⁵	
模板	枋模	pioŋ⁵³ mo⁵⁵	
樓	樓	leu⁵⁵	
樓下	棚下	p'aŋ⁵⁵ ha⁵³	
樓上	棚頂	p'aŋ⁵⁵ taŋ¹¹	
樓房	樓屋	leu⁵⁵ vuk⁵	
樓梯	樓梯	leu⁵⁵ t'oi⁵³	
樑	樑	lioŋ⁵⁵	
騎樓	店亭下	tiam¹¹ t'in⁵⁵ ha⁵³	
騎樓	亭下	t'in⁵⁵ ha⁵³	
籬笆	竹壁	tʃuk⁵˃² piak⁵	
籬笆	籬笆	li⁵⁵ pa⁵³	

十一、家庭生活用品

（一）廚房

華語詞義	豐順詞彙	豐順語音	備　　註
木炭—之一	火炭	fo¹¹ t'an¹¹	
木炭—之一	炭頭	t'an¹¹ t'eu⁵⁵	此指燒紅的炭。
木炭—之一	樵炭	ts'iau⁵⁵ t'an¹¹	
木炭—之一	響炭	hioŋ¹¹ t'an¹¹	等同「火炭」，但火炭會出煙，響炭不出煙。
水缸	醃缸	am⁵³ koŋ⁵³	
水瓢	蒲勺	p'u⁵⁵ ʃok²	意同「杓嫲」。
水龍頭	水龍頭	ʃui¹¹ luŋ⁵⁵ t'eu⁵⁵	
火灰	火灰	fo¹¹ foi⁵³	
火柴	番火	fan⁵³ fo¹¹	
火鉗	火鉗	fo¹¹ k'iam⁵⁵	夾柴火之鐵夾。
火鍋	火鈷	fo¹¹ ku⁵³	
火鏟	火鐐	fo¹¹ liau⁵³	

瓦斯	瓦斯	ŋa¹¹ si⁵³	
瓦斯爐	瓦斯爐	ŋa¹¹ si⁵³ lu⁵⁵	
石臼	舂臼	tʃuŋ⁵³ k'iu⁵³	
石磨	**石磨**	ʃak² mo³³	
托盤	托盤	t'ok⁵﹥² p'an⁵⁵	
米缸	米房	mi¹¹ foŋ⁵⁵	
米苔目	米篩目	mi¹¹ **ts'e**⁵³ muk⁵	
米篩	**米篩**	mi¹¹ **ts'e**⁵³	圓的，有孔的。
米篩目刨	米篩目枋	mi¹¹ **ts'e**⁵³ muk⁵﹥² pioŋ⁵³	
刨子	刨	p'au⁵⁵	
吹火筒	火筒	fo¹¹ t'uŋ⁵⁵	
杓子	勺	ʃok²	
杓子	勺嫲	ʃok² ma⁵⁵	意同「水瓢」。
灶	大灶	t'ai³³ tso¹¹	
灶	灶頭	tso¹¹ t'eu⁵⁵	
灶鍋	鑊頭	vok² t'eu⁵⁵	
灶鍋	鑊嫲	vok² ma⁵⁵	
刷子—刷鍋	棕輅	tsuŋ⁵³ lu¹¹	
刷子—刷鍋	鑊輅	vok² lu¹¹	
刷子—泛稱	刷	so¹¹	
刷子—泛稱	搓	ts'o¹¹	
刷子—泛稱	輅	lu¹¹	
刷子—洗衣用	洗衫刷	se¹¹ sam⁵³ so¹¹	
刷子—洗衣用	洗衫輅	se¹¹ sam⁵³ lu¹¹	
抽煙機	抽煙機	tʃ'u⁵³ ʒen⁵³ ki⁵³	
放大鏡	膨鏡	p'oŋ¹¹ kiaŋ¹¹	
油罐	油甖	ʒiu⁵⁵ **aŋ**⁵³	
泡米	浸米	tsim¹¹ mi¹¹	
炒菜鍋	大鑊	t'ai³³ vok²	即指「鑊頭」。
炒菜鍋	細鑊	se¹¹ vok²	即指「鑊嫲」。
便當	飯篼	p'on¹¹ teu¹¹	

風箱	風箱	fuŋ⁵³ sioŋ⁵³	
捕鼠籠	老鼠籠	lo¹¹ tʃ'u¹¹ luŋ⁵³	
桌蓋	撳	k'iem⁵⁵	蓋桌上菜之器具。
柴刀	刀嫲	to⁵³ ma⁵⁵	
砧板	灶頭枋	tso¹¹ t'eu⁵⁵ pioŋ⁵³	
砧板	砧枋	tsem⁵³ pioŋ⁵³	
粄	粄	pan¹¹	參見「粄漿」。
粄袋	粄袋	pan¹¹ t'oi¹¹	裝粄漿的棉布袋。
粄模	粄印	pan¹¹ ʒin¹¹	
粄漿	粄	pan¹¹	米磨成漿，及米磨成漿後製成的糕點均稱為「粄」。
瓶蓋	罐蓋	**kuan¹¹** koi¹¹	
盒子	盒	hap²	
圍身裙	圍身裙	vui⁵⁵ ʃin⁵³ k'iun⁵⁵	
湯匙	湯匙	t'oŋ⁵³ ʃi⁵⁵	
湯匙	調羹	t'iau⁵⁵ kaŋ⁵³	
菜刀	菜刀	ts'oi¹¹ to⁵³	
菜刀柄	菜刀柄	ts'oi¹¹ to⁵³ piaŋ¹¹	
菜瓜布	菜瓜布	ts'oi¹¹ kua⁵³ pu¹¹	
飯匙	飯匙	p'on**¹¹** ʃi⁵⁵	
飯桶	飯桶	p'on**³³** t'uŋ¹¹	此應為較為現代的說法。
飯桶	飯桶	p'on¹¹ t'uŋ¹¹	
飯桶	飯甑	p'on**³³** tsen¹¹	
飯碗	食飯碗	ʃit² p'on**³³** **van¹¹**	
飯撈	煮撈	tʃu¹¹ leu⁵⁵	
飯撈	飯撈	p'on**³³** leu⁵⁵	有小洞的撈具。
飯鍋—之一	**a lu mi** 煏鑊	a³³ lu⁵⁵ mi⁵³ p'u⁵⁵ lo⁵⁵	指鋁製的飯鍋。
飯鍋—之一	缶煏鑊	fui⁵⁵ p'u⁵⁵ lo⁵⁵	「缶」為陶製品之意。
飯鍋—之一	沙煏鑊	sa⁵³ p'u⁵⁵ lo⁵⁵	
飯鍋—之一	泥煏鑊	ne⁵⁵ p'u⁵⁵ lo⁵⁵	
飯鍋—之一	盆	p'un⁵⁵	意同「飯盆」。

飯鍋一之一	**缽頭**	pat$^{5>2}$ t'eu^{55}	1. 陶製的器皿，用以燉煮食物　2. 用在煮飯時亦可稱為「p'un^{55}」。
飯鍋一之一	**煸鑊**	p'u^{55} lo^{55}	舊時燒火煮飯的器具，形狀圓圓大大的。有泥，石灰，沙及鋁等成份做成的。方言或做「蒲鑊」。
飯鍋一之一	**飯盆**	p'on^{33} p'un^{55}	
飯鍋一之一	**飯缽**	p'on^{33} pat^{5}	
飯鍋一之一	**飯鑊**	p'on^{11} vok^{2}	意同「飯盆」。
劑子	擦	ts'at^{5}	
暖爐	火囱	fo^{11} ts'uŋ^{53}	
暖爐—大的	火缽	fo^{11} pat^{5}	
煙囱	煙囱笐	ʒen^{53} ts'uŋ^{53} koŋ^{55}	
煤油	番油	fan^{53} ʒiu^{55}	
煤炭	石炭	ʃak^{2} t'an^{11}	see also「木炭」。
煤球	炭丸	t'an^{11} ʒen^{55}	
碗	碗	**van^{11}**	
碗公	碗公	**van^{11}** kuŋ^{53}	
碗櫥	碗櫥	**van^{11}** tʃ'u^{55}	
筷子	箸	tʃ'u^{11}	
筷子尖	**箸嘴**	tʃ'u^{11} tʃoi^{11}	
筷子筒	**箸籠**	tʃ'u^{11} luŋ^{55}	
筷子頭	**箸頭嫲**	tʃ'u^{11} t'eu^{55} ma^{55}	
漏斗	酒漏	tsiu^{11} leu^{11}	
漏斗	漏斗	leu^{33} teu^{11}	
蓋子	蓋	koi^{11}	
蒸粄	炊粄	tʃ'ui^{53} pan^{11}	
蒸鍋	缽	pat^{5}	
蒸籠	籠床	luŋ^{55} ts'oŋ^{55}	
蒸籠布	粄帕	pan^{11} p'a^{33}	蒸年糕時墊於蒸籠底的布。
蒼蠅拍	烏蠅撇	vu^{53} ʒin^{55} p'iet^{2}	

廚房	灶下	tso¹¹ ha⁵³	
撈具	撈	leu⁵⁵	撈飯之工具
盤子	盤	p'an⁵⁵	
調味碟	碟	t'iap⁵	
擂槌	槌	tʃ'ui⁵⁵	搗碎的用具。
橡膠	樹奶	ʃu³³ nen⁵³	
樵	樵	ts'iau⁵⁵	燒火用之木材。
磨刀石	刀石	to⁵³ ʃak²	
磨粄	挨粄	e⁵³ pan¹¹	
閹豬刀	閹豬刀	ʒam⁵³ tʃu⁵³ to⁵³	
壓乾	砰燥	tsak⁵﹥² tsau⁵³	
鍋子	鑊	vok²	泛指炒菜鍋及一般盛飯的鍋子（但不包括「灶鍋」）。
鍋蓋	鑊蓋	vok² koi¹¹	
鍋鏟	鑊鐐	vok² liau⁵³	
黏蒼蠅紙	烏蠅紙	vu⁵³ ʒin⁵⁵ tʃɨ¹¹	
餿水桶	汁桶	tʃip⁵ t'uŋ¹¹	
餿水	汁	tʃip⁵	
爐子	風爐	fuŋ⁵³ lu⁵⁵	
鐵杓撈	鐵勺撈	t'iet⁵﹥² ʃok² leu⁵⁵	舊時撈飯的用具。
鐵鍋	鐵鑊	t'iet² vok²	
鹽罐	鹽甖	ʒam⁵⁵ aŋ⁵³	

（二）一般用品

華語詞義	豐順詞彙	豐順語音	備 註
八仙桌	八仙桌	pat⁵﹥² sien⁵³ tsok⁵	
八脚床	八瓜床	pat⁵﹥² kua⁵³ ts'oŋ⁵⁵	古式的床，床有二塊木，一木可容納四脚，二木即有八脚，故稱八脚床。
八脚床	八架床	pat⁵﹥² ka¹¹ ts'oŋ⁵⁵	
八脚床	架床	ka¹¹ ts'oŋ⁵⁵	

大盆子	腳盆	kiok⁵⁻² p'un⁵⁵	1. 亦可洗澡用　2. 發音人認為「盆」海陸腔之音較豐順重。
大秤＝磅	大秤	t'ai³³ tʃ'in¹¹	
大櫥	大櫥	t'ai³³ tʃ'u⁵⁵	
小秤	細秤	se¹¹ tʃ'in¹¹	
工具	傢伙	ka⁵³ ko¹¹	
尺	尺	tʃ'ak⁵	
手電筒	手電筒	ʃu¹¹ t'ien³³ t'uŋ⁵⁵	
手錶	時錶	ʃi⁵⁵ peu¹¹	
斗笠	笠嫲	lip⁵⁻² ma⁵⁵	
斗笠	笠嫲	**lep⁵⁻²** ma⁵⁵	
日光燈	日光燈	nit⁵⁻² koŋ⁵³ ten⁵³	
木尺	樹尺	ʃu³³ tʃ'ak⁵	
毛巾—洗澡用	身帕	**sen³³** p'a¹¹	sen = se + sin
毛巾—洗臉用	面帕	mien¹¹ p'a¹¹	
毛線	膨紗線	p'oŋ¹¹ sa⁵³ sien¹¹	
水煙筒	水煙筒	ʃui¹¹ ʒen⁵³ t'uŋ⁵⁵	
牙刷	牙刷	ŋa⁵⁵ so¹¹	
牙粉	牙粉	ŋa⁵⁵ fun¹¹	
牙膏	牙膏	ŋa⁵⁵ kau⁵³	
牙籤	牙籤	ŋa⁵⁵ ts'iam⁵³	
冬衣	襖婆	o¹¹ p'o⁵⁵	
四方桌	四方桌	si¹¹ foŋ⁵³ tsok⁵	
打氣筒	風笐	fuŋ⁵³ koŋ⁵⁵	
瓦斯燈	瓦斯燈	ŋa¹¹ sɨ⁵³ ten⁵³	
皮尺	尺	tʃ'ak⁵	
石頭甕	石頭甖	ʃak² t'eu⁵⁵ aŋ⁵³	
吊燈	吊燈	tiau¹¹ ten⁵³	
如意—抓癢用	扒	p'a⁵⁵	
竹尺	竹尺	tʃuk⁵⁻² tʃ'ak⁵	

竹修子	竹修	tʃuk⁵˃² siu⁵³	小孩頑皮時修理之工具。
竹桌子	竹桌	tʃuk⁵˃² tsok⁵	
竹椅	竹凳	tʃuk⁵ ten¹¹	
竹篩	竹篩	tʃuk⁵˃² ts'e⁵³	
耳挖子	耳屎扒	ni¹¹ ʃi¹¹ p'a⁵⁵	
衣櫃	簞笥櫥	t'an⁵⁵ si⁵³ tʃ'u⁵⁵	
吸鐵	吸鋼	hiap² koŋ¹¹	
夾子	夾	kiap²	分 1. 夾頭髮的夾子　2. 夾豬毛用夾子。
尿桶	尿桶	niau³³ t'uŋ¹¹	
尿壺	尿桶	niau³³ t'uŋ¹¹	
床	眠床	min⁵⁵ ts'oŋ⁵⁵	
床頭	眠床頭	min⁵⁵ ts'oŋ⁵⁵ t'eu⁵⁵	
沙布	沙布	sa⁵³ pu¹¹	
沙發	膨凳	p'oŋ¹¹ ten¹¹	
私房錢	私區	si³³ k'ia⁵³	
垃圾	垃圾	la³³ sap⁵	
垃圾桶	垃圾桶	la¹¹ sap⁵ t'uŋ¹¹	
抹布	桌布	tsok⁵˃² pu¹¹	
抽屜	拖箱	t'o⁵³ sioŋ⁵³	
抽煙	食煙	ʃit² ʒen⁵³	
拖把	拖把	t'o⁵³ pa¹¹	
枕頭	枕頭	tʃim¹¹ t'eu⁵⁵	
東西	東西	tuŋ⁵³ si⁵³	
杯子	杯	pui⁵³	
油漆	油漆	ʒiu⁵⁵ ts'it²	
油燈	燈盞火	ten⁵³ tsan¹¹ fo¹¹	
肥皂	茶箍	ts'a⁵⁵ ku⁵³	
肥皂泡沫	茶箍波	ts'a⁵⁵ ku⁵³ p'o⁵³	
肥皂粉	茶箍粉	ts'a⁵⁵ ku⁵³ fun¹¹	
肥皂藍	茶箍籃	ts'a⁵⁵ ku⁵³ lam⁵⁵	

花盆	花缽	fa⁵³ pat⁵	
花瓶	花甖	fa⁵³ aŋ⁵³	
長椅	長凳	tʃʻoŋ⁵⁵ ten¹¹	
雨傘	遮	tʃa⁵³	
保溫杯	保溫杯	po¹¹ vun⁵³ pui⁵³	
保險箱	保險箱	po¹¹ hiam¹¹ sioŋ⁵³	
屎抿	屎抿	ʃi¹¹ pin¹¹	舊時如廁後擦屁股的竹枝。
洗衣板	洗衫板	se¹¹ sam⁵³ pioŋ⁵³	洗衣的方式之一。
洗衣肥皂	番茶箍	fan⁵³ tsʻa⁵⁵ ku⁵³	
洗衣粉	洗衫粉	se¹¹ sam⁵³ fun¹¹	
洗衣棒	洗衫槌	se¹¹ sam⁵³ tsʻui⁵⁵	
洗衣籃	洗衫籃	se¹¹ sam⁵³ lam⁵⁵	洗衣用。
洗澡盆	洗身盆	se¹¹ ʃin⁵³ pʻun⁵⁵	
玻璃甕	玻璃甖	po⁵³ li⁵⁵ aŋ⁵³	
衫櫃	櫃	kʻui¹¹	
香皂	香茶箍	hioŋ⁵³ tsʻa⁵⁵ ku⁵³	
厘秤	厘秤	li⁵⁵ tʃʻin¹¹	
枴杖	枴棍	kuai¹¹ kun¹¹	
家產	財產	tsʻoi⁵⁵ san¹¹	
扇子	扇	ʃen¹¹	
時鐘	時鐘	ʃi⁵⁵ tʃuŋ⁵³	
書桌	書桌	ʃu⁵³ tsok⁵	
案桌	案桌	on¹¹ tsok⁵	
案桌	神桌	ʃin⁵⁵ tsok⁵	
梳子	梳	so⁵³	
桌子	桌	tsok⁵	
桌巾	桌巾	tsok⁵⁻² kien⁵³	
桌圍	桌圍	tsok⁵⁻² vui⁵⁵	
柴油	樵油	tsʻiau⁵⁵ ʒiu⁵⁵	
畚斗	畚斗	pun¹¹ teu¹¹	
畚箕	畚箕	pun¹¹ ki⁵³	

神桌燈	桌頭燈	tsok⁵˃² t'eu⁵⁵ ten⁵³	
秤	秤	tʃ'in¹¹	
秤勾	秤勾	tʃ'in¹¹ keu⁵³	
秤耳	秤耳	tʃ'in¹¹ ɲi¹¹	
秤星	秤星	tʃ'in¹¹ siaŋ⁵³	
秤砣	秤砣	tʃ'in¹¹ t'o⁵⁵	
秤錘	秤砣	tʃ'in¹¹ t'o⁵⁵	
草蓆	草蓆	ts'o¹¹ ts'iak²	
茶米罐	茶米罐	ts'a⁵⁵ mi¹¹ **kuan¹¹**	
茶杯	茶杯	ts'a⁵⁵ pui⁵³	
茶壺	茶罐	ts'a⁵⁵ **kuan¹¹**	
茶盤	茶盤	ts'a⁵⁵ p'an⁵⁵	
蚊帳	眠帳	min⁵³ tʃoŋ¹¹	
財產	財產	ts'oi⁵⁵ san¹¹	
酒瓶	酒罐	tsiu¹¹ **kuan¹¹**	
酒瓶蓋	酒蓋	tsiu¹¹ koi¹¹	
酒開子	酒開	tsiu¹¹ k'oi⁵³	
酒蓋	酒撿	tsiu¹¹ k'iem⁵⁵	
酒甕	酒罐	tsiu¹¹ **kuan¹¹**	
酒罐	酒罐	tsiu¹¹ **kuan¹¹**	
酒櫥	酒櫥	tsiu¹¹ tʃ'u⁵⁵	
針包	針包	tʃim⁵³ pau⁵³	
針線	針線	tʃim⁵³ sien¹¹	
側所	便所	p'ien¹¹ so¹¹	
側所	屎缸	ʃɨ¹¹ koŋ⁵³	
剪刀	剪刀	tsien¹¹ to⁵³	
唱片機	la ʒio	la¹³ ʒio⁵³	*源自日語。
堆肥場	肥堆	p'ui⁵⁵ toi⁵³	
掃把	稈掃	**kon¹¹ so¹¹**	
望遠鏡	望遠鏡	moŋ³³ ʒen¹¹˃³³ kiaŋ¹¹	
涼椅	涼床	lioŋ⁵⁵ ts'oŋ⁵⁵	

瓶子	罐	**kuan**¹¹	
瓷磚	t'ai lu	t'ai⁵³ lu¹¹	*源自日語。
眼鏡	目鏡	muk^{5>2} kiaŋ¹¹	
鳥籠	鳥籠	tiau⁵³ luŋ⁵³	
傘尖	棚斗	p'uŋ⁵³ teu¹¹	
傘尖	遮尾	tʃa⁵³ mui⁵³	較少用此詞，常用「遮堀」或「棚斗」。
傘尖	遮窟	tʃa⁵³ **k'ut**⁵	
傘柄	遮柄	tʃa⁵³ piaŋ¹¹	
傘骨	遮骨	tʃa⁵³ kut⁵	
傘鈕	遮堵	tʃa⁵³ tu¹¹	控制雨傘開合的按鈕。
報紙	報紙	po¹¹ tʃi¹¹	
椅子	凳	ten¹¹	
棍子	棍	kun¹¹	
窗簾	窗簾	ts'uŋ⁵³ lien⁵⁵	
筒罐子	笐	koŋ⁵⁵	
菜籃	菜籃	ts'oi¹¹ lam⁵⁵	
裁縫車	裁縫車	ts'ai⁵⁵ fuŋ⁵⁵ tʃ'a⁵³	
量杯	米筒	mi¹¹ t'uŋ⁵⁵	
鈕扣	鈕	neu¹¹	
鈕洞	搭空	tap^{5>2} k'uŋ⁵³	
鈕釦勾搭	搭	tap⁵	
開門櫃	開門櫃	k'oi⁵³ mun⁵⁵ k'ui¹¹	
飯桌	食飯桌	ʃit² p'on¹¹ tsok⁵	
圓桌	圓桌	ʒen⁵⁵ tsok⁵	
圓凳	圓凳	ʒen⁵⁵ ten¹¹	
圓凳	凳頭	ten¹¹ t'eu⁵⁵	
塑膠袋	油紙袋	ʒiu⁵⁵ tʃi¹¹ t'oi³³	
塑膠椅	塑膠凳	sok⁵ ka⁵³ ten¹¹	
搖籃	搖籃	ʒau⁵⁵ lam⁵⁵	
煙斗	煙嘴	ʒen⁵³ tʃoi¹¹	

煙葉	煙葉	ʒen⁵³ ʒap²	
矮凳	矮凳	e¹¹ ten¹¹	
電扇	電扇	t'ien³³ ʃen¹¹	
電視	電視	t'ien³³ ʃɨ¹¹	
電話	電話	t'ien¹¹ fa¹¹	
電燈	電火	t'ien³³ fo¹¹	
電燈泡	電球	t'ien³³ k'iu⁵⁵	
電燈泡	雞頍	ke⁵³ koi⁵³	
壽燈	壽燈	ʃu¹¹ ten⁵³	
算盤	算盤	son¹¹ p'an⁵⁵	
臺秤	磅秤	poŋ¹¹ tʃ'in¹¹	
臺燈	桌燈	tsok⁵ᐽ² ten⁵³	
蓋頭櫃	搙頭櫃	k'am¹¹ t'eu⁵⁵ k'ui¹¹	
蓑衣	蓑衣	so⁵³ ʒi⁵³	
銅罐子	銅笐	t'uŋ⁵⁵ koŋ⁵⁵	
劍	劍	kiam¹¹	
樟腦丸	臭丸	tʃ'u¹¹ ʒen⁵⁵	
樟腦丸	蟲蛀丸	k'i⁵⁵ ts'at² ʒen⁵⁵	
熱水瓶	暖罐	non⁵³ kuan¹¹	
熱水機	熱水機	ɲiet⁵³ ʃui¹¹ ki⁵³	
熨斗	熨斗	ʒun¹¹ teu¹¹	
磅＝大秤	磅	poŋ¹¹	
箱子	箱	sioŋ⁵³	
線籃	籃	lam⁵⁵	
衛生紙	衛生紙	vui¹¹ sen⁵³ tʃɨ¹¹	
衛生棉	衛生棉文	vui³³ sen⁵³ mien⁵⁵	
躺椅	眠椅	min⁵⁵ ʒi¹¹	
鞋拔	鞋刮	he⁵⁵ kuat⁵	
學步車	馬車	ma⁵³ tʃ'a⁵³	
學步車	雞車	ke⁵³ tʃ'a⁵³	
橡皮筋	樹奶索	ʃu¹¹ nen¹¹ sok⁵	

機器	機器	ki⁵³ hi¹¹	
篩子	篩	**ts'e⁵³**	
辦檻	辦檻	p'an³³ tʃ'aŋ³³	人過世時為其準備一籃籃或一組之祭品。
錢箱	錢箱	ts'ien⁵⁵ sioŋ⁵³	
錄音機	錄音機	luk² ʒim⁵³ ki⁵³	
燭臺	燭臺	tʃuk⁵˃² t'oi⁵⁵	
糞坑	屎缸窟	ʃi¹¹ koŋ⁵³ **k'ut⁵**	
臉盆	面盆	mien¹¹ p'un⁵⁵	
櫃子	櫃	k'ui³³	
櫃子	櫥	tʃ'u⁵⁵	
櫃子—之一	**撿頭櫃**	**k'em⁵⁵** t'eu⁵⁵ k'ui³³	
甕	罌	aŋ⁵³	海陸腔「aŋ⁵³」與「kon¹¹」在豐順主要讀成「kuan²¹」，部份受海陸腔影響而讀成「aŋ⁵³」。
織布機	織布機	tʃit⁵˃² pu¹¹ ki⁵³	
鎖匙	鎖匙	so¹¹ ʃi⁵⁵	
鎖頭	鎖頭	so¹¹ t'eu⁵⁵	
繩子	索	sok⁵	
藤椅	藤椅	t'en⁵⁵ ʒi¹¹	
藤椅	藤凳	t'en⁵⁵ ten¹¹	
藥秤	厘秤	li⁵⁵ tʃ'in¹¹	
鏡子	鏡	kiaŋ¹¹	
鏡臺	鏡臺	kiaŋ¹¹ t'oi⁵⁵	
鏡頭	鏡頭	kiaŋ¹¹ t'eu⁵⁵	
蠟燭	蠟燭	lap² tʃuk⁵	
蠟燭臺	蠟燭臺	lap² tʃuk⁵˃² t'oi⁵⁵	
鐵桶	潑桶	p'at⁵˃² t'uŋ¹¹	
鐵罐子	鐵罐	t'iet⁵˃² **kuan¹¹**	
曬衣竿	竹篙	tʃuk⁵˃² ko⁵³	
籮篙	籮篙	lo⁵⁵ kak⁵	置放禮品祭品的竹籃。

	鑽子	鑽	tson¹¹	
	槭	槭	tʃʻaŋ³³	人過世時準備之祭品單位。

（三）其他

華語詞義	豐順詞彙	豐順語音	備　註
倒茶	淳茶	tʻin⁵⁵ tsʻa⁵⁵	
租屋	租屋	tsu⁵³ vuk⁵	
租屋	**賻屋**	pʻiok² vuk⁵	
起床	**好偷**	ho¹¹ tʻeu⁵³	
做月子	做月	tso¹¹ ɲiet²	
寄信	寄信	ki¹¹ sin¹¹	
現金	現金	hien¹¹ kim⁵³	
逛街	逛街	oŋ⁵⁵ kai⁵³	
答謝	答謝	tap⁵˃² tsʻia¹¹	
買米	糴米	tʻet² mi¹¹	
搬家	搬屋	pan⁵³ vuk⁵	
裝扮	打扮	ta¹¹ pan¹¹	
零錢	零錢	**len**⁵⁵ tsʻien⁵⁵	
零頭	零頭	**len**⁵⁵ tʻeu⁵⁵	
繳錢	繳錢	kiau¹¹ tsʻien⁵⁵	

十二、農工材料

（一）木工

華語詞義	豐順詞彙	豐順語音	備　註
丁字鋤	兩頭改	lioŋ¹¹ tʻeu⁵⁵ koi¹¹	
刀鞘	刀鞘	to⁵³ siau¹¹	
大鋸	大鋸	tʻai¹¹ ki¹¹	
刀子	洋刀	ʒoŋ⁵⁵ to⁵³	指可折合之刀子。
小鋸	細鋸	se¹¹ ki¹¹	
日本鋸＝雙面鋸	兩片鋸	lioŋ¹¹ pʻien¹¹ ki¹¹	
木盤	灰盤	foi⁵³ pʻan⁵⁵	塗牆時承接水泥屑之木盤。

水泥	紅毛泥	fuŋ⁵⁵ mo⁵³ **ne**⁵⁵	
打泥磚	打磚頭	ta¹¹ tʃon⁵³ t'eu⁵⁵	加入稻草製作泥磚。
生鐵	鉎	saŋ⁵³	沒有經過鍛鍊的鐵。
石槌	石槌	ʃak² ts'ui⁵⁵	
刨刀─刨木屑	刨	p'au⁵⁵	
沙子	沙	sa⁵³	
沙石	沙石	sa⁵³ ʃak²	
抹刀	抹刀	mat⁵˃² to⁵³	抹牆之工具。
抹壁	抹壁	mat⁵˃² piak⁵	
斧頭	斧頭	fu¹¹ t'eu⁵⁵	
虎頭鉗	虎頭鉗	fu¹¹ t'eu⁵⁵ k'iam⁵⁵	
砂紙	砂紙	sa⁵³ tʃɿ¹¹	
圓鍬	沙撩	sa⁵³ liau⁵³	
綁鋼筋	搦鐵	t'ak⁵˃² t'iet⁵	
鉗子	鉗	k'iam⁵⁵	
製水泥	打紅毛泥	ta¹¹ fuŋ⁵⁵ mo⁵³ **ne**⁵⁵	
墨斗	墨斗	met² teu¹¹	畫直線之工具。
磨刀皮	幫皮	poŋ⁵³ p'i⁵⁵	磨剃刀之皮帶。
鋸子	鋸	ki¹¹	
鋼筋	鐵精	t'iet⁵˃² tsin⁵³	
螺絲起子	螺絲鉗	lo⁵⁵ si⁵³ k'iam⁵⁵	
雙頭釘	蝴蜞釘	fu⁵⁵ k'i⁵⁵ ten⁵³	
雙頭鋤	兩頭改	lioŋ¹¹ t'eu⁵⁵ koi¹¹	
鐵錘	鐵錘	t'iet⁵˃² tʃui⁵⁵	
攪拌工具	灰匙	foi⁵³ ʃi⁵⁵	
鑽子	鑽	tson¹¹	
鑽子─鑽水泥的	鑽紅毛泥	tson¹¹ fuŋ⁵⁵ mo⁵³ ne⁵⁵	
鑽子─鑽壁的	鑽壁	tson¹¹ piak⁵	
鑽子─鑽樹頭的	鑽樹頭	tson¹¹ ʃu¹¹ t'eu⁵⁵	
鑽子─鑽鐵的	鑽鐵	tson¹¹ t'iet⁵˃²	
鑽木工具	銇鑽	lui³³ tson¹¹	

（二）農工

華語詞義	豐順詞彙	豐順語音	備　　註
一年兩稻	兩冬	lioŋ¹¹ tuŋ⁵³	
井桶繩	**潑桶索**	p'at⁵ᐤ² t'uŋ¹¹ sok⁵⁵	
五爪耙	五爪耙	ŋ̍¹¹ tsau¹¹ p'a⁵⁵	爬稻草之用具。
切草機	切草機	ts'iet⁵ᐤ² ts'o¹¹ ki⁵³	
天車	天車	t'ien⁵³ tʃa⁵³	有滑輪之工具，用以吊起東西。
引擎	磨打	mo⁵³ ta¹¹	*源自日語。
木樁	木樁	muk⁵ᐤ² tʃuŋ⁵³	
毛籃	**籬笒**	liak² fu⁵⁵	淺邊平底無孔的圓形竹器。
毛籃—大的	**大籬笒**	t'ai¹¹ liak² fu⁵⁵	
毛籃—小的	**細籬笒**	se¹¹ liak² fu⁵⁵	亦為「簸箕」。
水車	水車	ʃui¹¹ tʃa⁵³	灌溉用之器具。
水桶	水桶	ʃui¹¹ t'uŋ¹¹	
水桶—之一	**潑桶**	p'at⁵ᐤ² t'uŋ¹¹	以繩綁桶子來盛裝水之容器稱為「潑桶」。如，井桶即是。
牛軛	牛軛	**ŋeu⁵⁵** ak⁵	牛車上套住牛之工具。
牛鼻環	**牛縈鼻**	**ŋeu⁵⁵** k'ien¹¹ p'i¹¹	
牛鼻環	牛銅鼻	**ŋeu⁵⁵** t'uŋ⁵⁵ p'i³³	
牛嘴軛	牛嘴軛	ŋeu⁵⁵ tʃoi¹¹ ak⁵	
牛鞭	牛拂	ŋeu⁵⁵ fut⁵	
牛圈	牛欄	**ŋeu⁵⁵** lan⁵⁵	
牛灌筒	牛灌笻	ŋeu⁵⁵ **kuan¹¹** koŋ⁵⁵	
布袋—裝穀用	布袋	pu¹¹ t'oi¹¹	
石輪	磟石	lun¹¹ ʃak²	以石輪碾去穀殼。
收冬	收冬	ʃu⁵³ tuŋ⁵³	
收割	收割	ʃu⁵³ kot⁵	
竹綑	草縈	ts'o¹¹ ʒaŋ⁵³	
米槌	米槌	mi¹¹ ts'ui⁵⁵	舂米之杵。

米籮	米籮	mi¹¹ lo⁵⁵	
尿杓	尿勺	ȵiau³³ ʃok²	
沙耙	沙耙	sa⁵³ p'a⁵⁵	爬沙子之用具。
沙搭	沙搭	sa⁵³ tap⁵	爬沙子之用具。
拔草	挷草	paŋ⁵³ ts'o¹¹	
抽水機	抽水機	tʃ'iu⁵³ ʃui¹¹ ki⁵³	
肥料桶	肥桶	p'ui⁵⁵ t'uŋ¹¹	
扁擔	擔竿	tam⁵³ kon⁵³	
挑具	勾搭	keu⁵³ tap⁵	兩端帶鉤的挑具。
挑具	勾擔槓	keu⁵³ tam⁵³ koŋ¹¹	兩端帶鉤的挑具。
挑具	翹擔	k'iau¹¹ tam⁵³	兩端翹起的挑具。
風車	風車	fuŋ⁵³ tʃ'a⁵³	去蕪存菁之農具。
修補田埂	做田崁	tso¹¹ t'ien⁵⁵ k'am⁵⁵	
修補田埂	做田塍	tso¹¹ t'ien⁵⁵ ʃin⁵⁵	
秧盆	秧盆	ʒoŋ⁵³ p'un⁵⁵	插秧時放置秧苗之大盆。
耕田	打田	ta¹¹ t'ien⁵⁵	
耕田	耕田	kaŋ⁵³ t'ien⁵⁵	
耕田筒	蒔田筒	ʃi³³ t'ien⁵⁵ koŋ⁵⁵	
耕耘機	蒔田機	ʃi³³ t'ien⁵⁵ ki⁵³	
耙	耙	p'a⁵⁵	曬穀時翻穀之工具，有分大的與小的。
茶簍	茶簍	ts'a⁵⁵ lui¹¹	竹製，口小肚大，採茶時背腰後，用以裝生茶葉。
酒桶	酒桶	tsiu¹¹ t'uŋ¹¹	
馬廄	馬寮	ma⁵³ liau⁵⁵	
高粱掃	黍掃	siu⁵⁵ so¹¹	似「娘花掃」，體型較小。
掃刀—砍除雜草用	撥刀	p'at⁵˃² to⁵³	
掃把	祛把	k'ia¹¹ pa¹¹	
掃把＝竹掃把	祛齊	k'ia¹¹ ts'e⁵⁵	
掃把—芒草製的	娘花掃	ȵioŋ⁵⁵ fa⁵³ so¹¹	
掃把—榔榔樹製的	榔榔掃	k'oŋ⁵⁵ loŋ⁵⁵ so¹¹	

犁	犁	le⁵⁵	舊時翻田土之工具。
犁田	犁田	le⁵⁵ t'ien⁵⁵	
犁索	拖藤	t'o⁵³ t'en⁵⁵	
舂臼	舂臼	tʃuŋ⁵³ k'iu⁵³	舂米之工具。
舂臼	**舂補**	**tʃuŋ⁵³ p'u⁵³**	舂米之工具—分石製與樹製的。
挲草	挲草	so⁵³ ts'o¹¹	跪在田裏以手除去稻田中的雜草。
割耙	割耙	kot⁵ᐽ² p'a⁵⁵	把打耕之田弄平之工具。
割稻	割禾	kot⁵ᐽ² vo⁵⁵	
割稻機	割禾機	kot⁵ᐽ² vo⁵⁵ ki⁵³	
插秧	蒔田	ʃɿ³³ t'ien⁵⁵	
插秧機	蒔田機	ʃɿ³³ t'ien⁵⁵ ki⁵³	
插箕	**插箕**	ts'ap⁵ᐽ² ki⁵³	盛穀之工具—狀似畚箕但無耳。
湯圓篩	**粄圓篩**	pan¹¹ ʒen⁵⁵ **ts'e⁵³**	亦為「四角簸箕」。
稈剪	稈剪	kon¹¹ tsien¹¹	切碎的稻草。
菜刀—砍大骨用	骨刀	kut⁵ᐽ² to⁵³	
菜園	菜園	ts'oi¹¹ ʒen⁵⁵	
綁牛繩	牛索	**ŋeu⁵⁵** sok⁵	
種田	耕田	kaŋ⁵³ t'ien⁵⁵	
趕雞	逐雞	kiuk⁵ᐽ² ke⁵³	
趕雞竹	竹祛	tʃuk⁵ᐽ² k'ia¹¹	
趕雞竹	雞祛	ke⁵³ k'ia¹¹	
銅插	**銅插**	t'uŋ⁵⁵ ts'ap⁵	盛穀之工具—金屬製。
劈草	撥草	p'at⁵ᐽ² ts'o¹¹	
播種	委秧	ve¹¹ ʒoŋ⁵³	
穀倉	穀倉	kuk⁵ᐽ² ts'oŋ⁵³	
穀擔	擔竿	tam⁵³ kon⁵³	
穀籮	穀籮	kuk⁵ᐽ² lo⁵⁵	
稻草	禾稈	vo⁵⁵ kon¹¹	
稻草把	禾紮	vo⁵⁵ tsa⁵³	紮成把的稻草。

稻草堆	禾稈堆	vo⁵⁵ kon¹¹ toi⁵³	
稻草繩	**禾稈縛**	vo⁵⁵ kon¹¹ **p'iok²**	「縛」－綑綁東西之繩索
豬圈	豬欄	tʃu⁵³ lan⁵⁵	
豬寮	豬寮	tʃu⁵³ liau⁵⁵	
豬槽	豬兜	tʃu⁵³ teu⁵³	
豬籠	豬籠	tʃu⁵³ luŋ⁵³	
踩稻根	踩禾頭	tio⁵⁵ vo⁵⁵ t'eu⁵⁵	將多餘之稻株踩入田土中。
鋤頭	**钁鋤**	kiok⁵ᐟ² **ts'o⁵⁵**	
蕩－大的	大蕩	t'ai³³ t'oŋ¹¹	一般須三人合力使用，兩人拖一人推。
蕩－小的	細蕩	se¹¹ t'oŋ¹¹	
蕩耙	蕩耙	t'oŋ¹¹ p'a⁵⁵	收穀子之用具，有分大的與小的。
鴨寮	鴨棲	ap⁵ᐟ² tsi¹¹	
鴨寮	鴨寮	ap⁵ᐟ² liau⁵⁵	
磟碡	磟碡	luk² tʃ'uk²	打碎田土的農具。
幫浦車	幫浦	p'oŋ⁵³ p'u⁵⁵	抽水用之器具，以腳踩水汲水。
鍘刀－剪稻草用	禾稈剪	vo⁵⁵ kon¹¹ tsien¹¹	
雞罩	**雞捡**	**ke⁵³ k'iem⁵⁵**	
雞窩	**雞棲**	**ke⁵³ tsi¹¹**	
雞窩	雞寮	ke⁵³ liau⁵⁵	
雞籠	雞籠	ke⁵³ luŋ⁵³	
鵝寮	鵝棲	ŋo⁵⁵ tsi¹¹	
鵝寮	鵝寮	ŋo⁵⁵ liau⁵⁵	
簸菜子	簸菜仁	poi¹¹ ts'oi¹¹ ʒin⁵⁵	
簸箕	簸箕	poi¹¹ ki⁵³	無耳且較淺的竹製器具，可將與穀物參雜之其他物類，以「簸」之方式分開來。
簸箕－之一	四角簸箕	si¹¹ kok⁵ poi¹¹ ki⁵³	亦為「粄圓篩」。
鐮刀	禾鐮刀	vo⁵⁵ liam⁵⁵ to⁵³	

鐮刀—砍芒草用	菅榛鐮	kon⁵³ tʃim⁵³ liam⁵⁵	
鐮刀—割草餵牛用	牛草鐮	**ŋeu⁵⁵** ts'o¹¹ liam⁵⁵	
礱	礱	luŋ⁵⁵	1. 名詞：去穀殼之機器。 2. 動詞：去米之穀殼。
礱穀機	礱穀	luŋ⁵⁵ kuk⁵	
曬穀場	禾坪	vo⁵⁵ p'iaŋ⁵⁵	

（三）捕魚

華語詞義	豐順詞彙	豐順語音	備　　註
毒魚	餾魚	t'eu³³ ŋ̍⁵⁵	
捕魚法	電魚	t'ien³³ ŋ̍⁵⁵	以電擊方式捕魚。
捕魚法	罾魚	tsen⁵³ ŋ̍⁵⁵	以竹製工具置於水裡再將魚抽拉上岸。
捕魚法	攔魚	lan⁵⁵ ŋ̍⁵⁵	以魚網攔截水流捕魚。
捕魚器具	魚笱	ŋ̍⁵⁵ ho⁵⁵	
捕魚器具	魚籃	ŋ̍⁵⁵ lam⁵⁵	
捕魚器具	笱	ho⁵⁵	抓魚用的小竹器。
捕魚籠	沉笱	tʃim¹¹ ho⁵⁵	捕魚之竹籠。
捕蝦籠	蝦公笱	ha⁵⁵ kuŋ⁵³ ho⁵⁵	
捕螃蟹籠	毛蟹笱	mo⁵³ hai¹¹ ho⁵⁵	捕捉螃蟹之竹籠。
浮標	浮有	p'o⁵⁵ p'aŋ¹¹	
釣具	釣	tiau¹¹	
釣竿	釣有	tiau¹¹ pin⁵³	
釣魚	釣魚	tiau¹¹ ŋ̍⁵⁵	
釣魚法	車釣	tʃ'a⁵³ tiau¹¹	
釣魚法	挀魚	tui¹¹ ŋ̍⁵⁵	以線扯的方式釣魚。
魚網	魚網	ŋ̍⁵⁵ mioŋ¹¹	
魚簍	魚籃	ŋ̍⁵⁵ lam⁵⁵	
魚藤	魚藤	ŋ̍⁵⁵ t'en⁵⁵	一種可毒魚之植物，屬豆科，搗碎枝條得到的汁可用來毒魚或代替農藥。
絲線	絲腳	si⁵³ kiok⁵	

蜆篩	蜆篩	han¹¹ **ts'e**⁵³	
鉛錘	墜	tʃ'ui¹¹	
網	網	mioŋ¹¹	
撈魚網	榧	fe⁵³	
撈魚網	撈榧	leu⁵⁵ fe⁵³	
撈蛤蚌	覓蜆	mi³³ han¹¹	
蝦籠	蝦籠	ha⁵⁵ luŋ⁵³	
霸王釣	滾釣	kun¹¹ tiau¹¹	多鉤串連之釣組。
蠶絲線	釣索	tiau¹¹ sok⁵	

十三、身體部位

華語詞義	豐順詞彙	豐順語音	備　　註
人中—嘴唇上之中央	禾畢嘴	vo⁵⁵ pit⁵ᐟ² tsui¹¹	
下巴	下頷	ha⁵³ ŋam⁵³	
下頦	蛤蟆頦	ha⁵⁵ ma⁵⁵ koi⁵³	
上顎	昂肌	ŋoŋ⁵³ ki⁵³	
口水	口水	heu¹¹ ʃui¹¹	
大腿	上襄	ʃoŋ¹¹ sioŋ⁵³	
大腿	大腳髀	t'ai³³ kiok⁵ᐟ² pi¹¹	
小牙	細牙	se¹¹ ŋa⁵⁵	
小腿	下襄	ha⁵³ sioŋ⁵³	
小腿	腳襄	kiok⁵ᐟ² sioŋ⁵³	
小腿肌肉	腳囊	kiok⁵ᐟ² noŋ⁵⁵	
小腿哪一節	奈襄	nai¹¹ sioŋ⁵³	
心	心肝	sim⁵³ kon⁵³	
心臟	心臟	sim⁵³ ts'oŋ¹¹	
手	手骨	ʃu¹¹ kut⁵	
手肘	手睜	ʃu¹¹ tsaŋ⁵³	
手指	手指	ʃu¹¹ tʃɨ¹¹	
手指甲	手指甲	ʃu¹¹ tʃɨ¹¹ kap⁵	

手背	手背	ʃu¹¹ poi¹¹	
手腕	手腕	ʃu¹¹ **van**¹¹	
手臂	手髀	ʃu¹¹ pi¹¹	
牙齒	牙齒	ŋa⁵⁵ tʃʰi¹¹	
牙齦	牙床肉	ŋa⁵⁵ tsʰoŋ⁵³ ȵiuk⁵	
出汗	出汗	tʃʰut⁵⁻² hon¹¹	
右手	正手	tʃin¹¹ ʃu¹¹	
左手	左手	tso¹¹ ʃu¹¹	
白髮	白毛	pʰak² mo⁵³	
皮	皮	pʰi⁵⁵	
光頭	光頭	koŋ⁵³ tʰeu⁵⁵	
耳朵	耳空	ȵi¹¹ kʰuŋ⁵³	
耳垂	耳陀（下）	ȵi¹¹ tʰo⁵⁵（ha⁵³）	
耳屎	耳屎	ȵi¹¹ ʃi¹¹	
肋骨	胸脯骨	hiuŋ⁵³ pʰu⁵³ kut⁵	
肋骨（腰部）	平籬骨	pʰiaŋ⁵⁵ li⁵⁵ kut⁵	
臼齒	大牙	tʰai³³ ŋa⁵⁵	
舌頭	舌嫲	ʃet² ma⁵⁵	
坐骨	屎爬骨	ʃɨ¹¹ pʰa⁵⁵ kut⁵	
屁股	屎窟	ʃɨ¹¹ vut⁵	
屁股溝	屎窟壢	ʃɨ¹¹ vut⁵⁻² lak⁵	
尾指	手指尾	ʃu¹¹ tʃɨ¹¹ mui⁵³	
肚子	肚屎	tu¹¹ ʃɨ¹¹	
肚臍	肚臍	tu¹¹ tsʰi⁵⁵	
身體	身體	ʃin⁵³ tʰi¹¹	
身體	無身	vu⁵⁵ ʃin⁵³	
乳房	奶姑	nen¹¹ ku⁵³	
拇指	手指公	ʃu¹¹ tʃɨ¹¹ kuŋ⁵³	
肩胛	肩胛	kien⁵³ kap⁵	
肩胛骨	飯匙骨	pʰon³³ ʃi⁵⁵ kut⁵	

肩頭	肩頭	kien⁵³ t'eu⁵⁵	
虎牙	豬哥牙	tʃu⁵³ ko⁵³ ŋa⁵⁵	
門牙	當門牙	toŋ⁵³ mun⁵⁵ ŋa⁵⁵	
扁平足	鴨嫲蹄	ap⁵˃² ma⁵⁵ **t'e⁵⁵**	
指節	手目	ʃu¹¹ muk⁵	
眉毛	目珠眉	muk⁵˃² tʃu⁵³ mi⁵⁵	
背	背囊	poi¹¹ noŋ⁵⁵	
背脊骨	背囊骨	poi¹¹ noŋ⁵⁵ kut⁵	
背部	背囊	poi¹¹ noŋ⁵⁵	
食指	第二隻手指	t'i³³ ɲi¹¹ tʃak⁵ ʃu¹¹ tʃi¹¹	
胸部	奶脯	nen¹¹ p'u**⁵³**	
胸部	胸脯	hiuŋ⁵³ p'u⁵⁵	
胳肢窩	腋下	k'iap² ha⁵³	
脊椎骨	龍骨	luŋ⁵⁵ kut⁵	
酒渦	酒窟	tsiu¹¹ fut⁵	
骨髓	骨髓	kut⁵˃² sui¹¹	
捲髮	虯毛	k'iu⁵⁵ mo⁵³	
淚水	目水	muk⁵˃² ʃui¹¹	
眼皮	目珠皮	muk⁵˃² tʃu⁵³ p'i⁵⁵	
眼珠	目珠仁	muk⁵˃² tʃu⁵³ ʒin⁵⁵	
眼淚	目汁	muk⁵˃² tʃip⁵	
眼睛	目珠	muk⁵˃² tʃu⁵³	
脖子	頸根	kiaŋ¹¹ kin⁵³	
雀斑	烏蠅屎	vu⁵³ ʒin⁵⁵ ʃi¹¹	
單眼皮	單瞼皮	tan⁵³ ɲiam⁵³ p'i⁵⁵	
單眼皮	單瞼目	tan⁵³ ɲiam⁵³ muk⁵	
喉嚨	喉嗹頸	heu⁵⁵ lien⁵⁵ koi⁵³	
痣	痣	tʃi³³	
痰	痰	t'am⁵⁵	
睫毛	目睡毛	muk⁵˃² ʃoi¹¹ mo⁵³	
腳	腳骨	kiok⁵˃² kut⁵	

腳小指	腳趾尾	kiok⁵⁻²tʃi¹¹ mui⁵³	
腳毛	腳毛	kiok⁵⁻²mo⁵³	
腳尖	腳尖	kiok⁵⁻²tsiam⁵³	
腳底	腳底	kiok⁵⁻²**te**¹¹	
腳拇指	腳趾公	kiok⁵⁻²tʃi¹¹ kuŋ⁵³	
腳背	腳盤	kiok⁵⁻²p'an⁵⁵	
腳趾	腳趾	kiok⁵⁻²tʃi¹¹	
腳跟	腳胮	kiok⁵⁻²tsaŋ⁵³	
腳跟筋	腳筋	kiok⁵⁻²**ken**⁵³	
腳踝	腳目	kiok⁵⁻²muk⁵	
鼻子	鼻空	p'i³³k'uŋ⁵³	
鼻毛	鼻空毛	p'i**¹¹**k'uŋ⁵³ mo⁵³	
鼻水	鼻水	p'i³³ʃui¹¹	
鼻屎	鼻屎	p'i³³ʃi¹¹	
鼻涕	鼻	p'i³³	
鼻樑	鼻空笶	p'i³³k'uŋ⁵³ koŋ⁵⁵	
鼻膿	鼻膿	p'i³³nuŋ⁵⁵	
嘴巴	嘴	tʃoi¹¹	
嘴唇	嘴唇	tʃoi¹¹ʃun⁵⁵	
嘴唇皮	嘴唇皮	tʃoi¹¹ʃun⁵⁵ p'i⁵⁵	
寬骨	面頰卵	mien¹¹kap⁵⁻²lon¹¹	
暴牙	暴牙	pau¹¹ŋa⁵⁵	
暴豬哥牙	暴豬哥牙	pau¹¹tʃu⁵³ko⁵³ ŋa⁵⁵	
皺紋	皺皮	tsiu¹¹p'i⁵⁵	
皺紋	皺痕	tsiu¹¹hiun⁵⁵	
膝蓋	膝頭	ts'it⁵⁻²t'eu⁵⁵	
頭	頭那	t'eu⁵⁵na⁵⁵	
頭髮	頭那毛	t'eu⁵⁵na⁵⁵ mo⁵³	
臉	面	mien¹¹	
臉色	面色	mien¹¹set⁵	
臉頰	嘴角	tʃoi¹¹kok⁵	

臉龐	面板	mien¹¹ pan¹¹	
螺紋	手指螺	ʃu¹¹ tʃɨ¹¹ lo⁵⁵	
雙眼皮	雙瞼皮	suŋ⁵³ ɲiam⁵³ p'i⁵⁵	
雙眼皮	雙瞼目	suŋ⁵³ ɲiam⁵³ muk⁵	
額頭	額頭	ɲiak⁵ᐟ² t'eu⁵⁵	
鬍子	鬚	si⁵³	
鬍鬚	鬍鬚	fu⁵⁵ si⁵³	
辮子	毛辮	mo⁵³ pien⁵³	
禿頭	光頭	koŋ⁵³ t'eu⁵⁵	

十四、疾病

華語詞義	豐順詞彙	豐順語音	備　　註
下痢	屙水波	o⁵³ ʃui¹¹ p'o⁵³	
下痢	屙直瀉	o⁵³ tʃ'it² sia¹¹	
下痢	屙痢肚	o⁵³ li¹¹ tu¹¹	
下痢	屙落泗	o⁵³ lau¹¹ pa⁵⁵	
上下巴	上下頷	ʃoŋ¹¹ ha⁵³ ŋam⁵³	
上唇上翻	翹嘴	k'iau¹¹ tʃoi¹¹	
上眼瞼長肉瘤	目珠吊燈	muk⁵ᐟ² tʃu⁵³ tiau¹¹ ten⁵³	
上眼瞼長肉瘤	吊燈	tiau¹¹ ten⁵³	
口吃	欰舌	kiet⁵ᐟ² ʃet²	
口角炎	爛嘴丫	lan³³ tʃoi¹¹ a⁵³	
口腔潰爛	嘴爛	tʃoi¹¹ lan³³	
大小眼	大細目	t'ai³³ se¹¹ muk⁵	
大小眼	打鳥目	ta¹¹ tiau⁵³ muk⁵	
大眼睛	牛目珠	ŋeu⁵⁵ muk⁵ᐟ² tʃu⁵³	
中耳炎	發耳盎	pot⁵ᐟ² ɲi¹¹ aŋ⁵³	
中風	中風	tʃuŋ¹¹ fuŋ⁵³	
中風	擗腦	piak² no¹¹	
中暑	發痧	pot⁵ᐟ² sa⁵³	
中暑	熱著	ɲiet² to¹¹	

內出血	內傷	nui³³ ʃoŋ⁵³	
心臟病	心臟病	sim⁵³ ts'oŋ¹¹ p'iaŋ³³	
水腫	（發）水腫	（pot⁵⁻²）ʃui¹¹ tʃuŋ¹¹	
火氣大	火氣緪	fo¹¹ hi¹¹ hen⁵⁵	
火氣大	火擎起來	fo¹¹ k'ia⁵⁵ hi¹¹ loi⁵⁵	
牙髓蓄膿	發牙膿	pot⁵⁻² ŋa⁵⁵ liuŋ⁵⁵	
出膿	出膿	tʃut⁵⁻² nuŋ⁵⁵	
生病	發病	pot⁵⁻² p'iaŋ³³	
生病	著病	tʃ'ok² p'iaŋ³³	
甲狀腺腫大	大頸	t'ai³³ koi⁵³	
皮膚過敏	起冷膜	hi¹¹ len⁵³ mok²	
吐血	嘔血	eu¹¹ hiet⁵	
有效果	有見	ʒiu⁵³ kien¹¹	
有效果	有見顧	ʒiu⁵³ kien¹¹ ku¹¹	
有效果	有效	ʒiu⁵³ hau¹¹	
羊癲瘋	豬嘛彩	tʃu⁵³ ma⁵⁵ ts'ai¹¹	
耳聾	臭耳聾	tʃ'u¹¹ ɲi¹¹ luŋ⁵³	
血脂肪過高	血醲	hiet⁵⁻² neu⁵⁵	
冷咳	冷嗽	**len⁵³** tʃ'uk⁵	咳嗽帶痰。
兔唇	缺嘴	k'iet⁵⁻² tʃoi¹¹	
夜盲	發雞盲	pot⁵⁻² ke⁵³ miaŋ⁵³	
拉血	屙血	o⁵³ hiet⁵	
盲腸炎	盲腸炎	moŋ⁵⁵ tʃ'oŋ⁵⁵ ʒam⁵⁵	
肺結核	肺傷	hi¹¹ ʃoŋ⁵³	
長疔瘡	發疔	pot⁵⁻² **ten⁵³**	
長痔瘡	發痔	pot⁵⁻² tʃ'i¹¹	
長短腳	長短腳	tʃ'oŋ⁵⁵ ton¹¹ kiok⁵	
長痱子	發熱痱	pot⁵⁻² ɲiet² pui¹¹	
長鼻息肉	發鼻膿	pot⁵⁻² p'i³³ **liuŋ⁵⁵**	
長癬	發癬	pot⁵⁻² sien¹¹	
長癰瘡	發癰	pot⁵⁻² ʒuŋ⁵³	

青光眼	青光眼	ts'iaŋ⁵³ koŋ⁵³ **ŋan**¹¹	
青春痘	脹綢	tʃoŋ¹¹ **tʃ'iu**⁵⁵	
便秘	祕結	pi¹¹ kiet⁵	
咳嗽	嗽	ts'uk⁵	
咳嗽很厲害	當嗽	toŋ⁵³ ts'uk⁵	
很痛很痛	當惻當惻	toŋ⁵³ ts'it² toŋ⁵³ ts'it²	
急性盲腸炎	絞肚痧	kau¹¹ tu¹¹ sa⁵³	
流鼻血	出鼻血	tʃ'ut⁵﹥² p'i³³ hiet⁵	
風濕痛	風惻	fuŋ⁵³ ts'it²	
風濕痛	發風	pot⁵﹥² fuŋ⁵³	
桃花眼	桃花目	t'o⁵⁵ fa⁵³ muk⁵	
氣喘	抽盧	tʃ'u⁵³ hap⁵	
氣喘	發盧	pot⁵﹥² hap⁵	
氣喘	雞咕	ke¹¹ ku⁵⁵	
缺牙	缺牙爬	k'iet⁵﹥² ŋa⁵⁵ p'a⁵⁵	
臭頭	（發）臭頭	（pot⁵﹥²）tʃ'u¹¹ t'eu⁵⁵	
起雞皮疙瘩	起寒毛菇	hi¹¹ hon⁵⁵ mo⁵³ ku⁵³	
高血壓	高血壓	ko⁵³ hiet⁵﹥² ap⁵	
乾淨	伶俐	**len**⁵⁵ li³³	
乾淨	淨俐	ts'iaŋ³³ li³³	
啞巴	啞	a¹¹	
啞巴	啞狗	a¹¹ keu¹¹	
眼睛翻白	扁白	pien¹¹ p'ak²	
脖子歪一邊	側頭	tset⁵﹥² t'eu⁵⁵	
脖子歪一邊	頸惹惹	kiaŋ¹¹ ɲia⁵³ ɲia⁵³	
脖子歪一邊	頸輪輪	kiaŋ¹¹ **nun**⁵³ nun⁵³	
蛀牙	蛀牙	tʃu¹¹ ŋa⁵⁵	
蛋白尿	屙尿白白	o⁵³ ɲiau³³ p'ak² p'ak²	
貧血	貧血	p'in⁵⁵ hiet⁵	
殘廢	破廢	p'o¹¹ fui¹¹	
殘廢	殘廢	ts'an⁵⁵ fui¹¹	

發炎	發紅	pot⁵ᐟ²fuŋ⁵⁵	
發燒	發燒	fat⁵ᐟ²ʃau⁵³	
腎結石	腰結石	ʒeu⁵³kiet⁵ᐟ²ʃak²	
腎虧	敗	p'ai³³	
腎臟病	腰病	ʒeu⁵³p'iaŋ³³	
脹氣	暴脹	pau¹¹ᐟ³³tʃoŋ¹¹	
視力模糊	目珠矇	muk⁵ᐟ²tʃu⁵³muŋ⁵⁵	
跛腳	跛腳	pai⁵⁵kiok⁵	
黑斑	烏蠅屎	vu⁵³ʒin⁵⁵ʃi¹¹	
塌鼻子	平鼻	p'iaŋ⁵⁵p'i³³	
塌鼻子	埋鼻	ȵiap⁵ᐟ²p'i³³	
感冒	冷著	len⁵³to¹¹	
痱子	熱痱	ȵiet²pui¹¹	
痲瘋病	發癩哥	pot⁵ᐟ²lai¹¹ko⁵³	
腸胃炎	腸胃炎	tʃ'oŋ⁵⁵vui¹¹ʒam⁵⁵	
腮腺炎	豬頭皮	tʃu⁵³t'eu⁵⁵p'i⁵⁵	
腳瘦長意—火鉗腳	火鉗腳	fo¹¹k'iam⁵⁵kiok⁵	用於女子。
腳瘦長意—蜘蛛腳	蝲蜞腳	la⁵⁵k'ia⁵⁵kiok⁵	用於女子。
慢皮風—小孩長不大	慢皮風	man³³p'i⁵⁵fuŋ⁵³	
瘧疾	發冷	pot⁵ᐟ²len⁵³	
鼻塞	塞鼻	set⁵ᐟ²p'i³³	
熱咳	熱嗽	ȵiet²tʃ'uk⁵	咳嗽無帶痰。
瞎眼	青盲	ts'iaŋ⁵³miaŋ⁵³	
獨眼龍	單目	tan⁵³muk⁵	
獨眼龍	單邊	tan⁵³pien⁵³	
瘸手	瘸手	k'io⁵⁵ʃu¹¹	
糖尿病	糖尿病	t'oŋ⁵⁵ȵiau³³p'iaŋ³³	
頭皮屑	頭那皮	t'eu⁵⁵na⁵⁵p'i⁵⁵	
頭昏腦脹	頭暈腦扁	t'eu⁵⁵hin⁵⁵no¹¹pien¹¹	

頭痛	頭那惻	t'eu⁵⁵ na⁵⁵ ts'it²	
頭暈	頭那暈	t'eu⁵⁵ na⁵⁵ hin⁵⁵	
嬰兒夭折	著猴症	tʃok⁵˃² heu⁵⁵ tʃin¹¹	
臉皮浮腫	面皮腫	mien¹¹ p'i⁵⁵ tʃuŋ¹¹	
臉皮腫腫的	槓皮槓皮	koŋ¹¹ p'i⁵⁵ koŋ¹¹ p'i⁵⁵	
隱疾	暗病	am¹¹ p'iaŋ³³	
譏女子矮胖	沈豬嫲	tem¹¹ tʃu⁵³ ma⁵⁵	
譏女子矮胖	肥豬嫲	p'ui⁵⁵ tʃu⁵³ ma⁵⁵	
鷹鈎鼻	鈎鼻	keu⁵⁵ p'i³³	

十五、藥品

華語詞義	豐順詞彙	豐順語音	備　　註
人蔘	人蔘	ɲin⁵⁵ sem⁵³	
大艾	大艾	t'ai³³ ŋe¹¹	
川七	川七	tʃon⁵³ ts'it⁵	
川貝	川貝	tʃon⁵³ pui¹¹	
川芎	川芎	tʃon⁵³ kiuŋ⁵³	
止痛	止惻	tʃi¹¹ ts'it⁵	
甘草	甘草	kam⁵³ ts'o¹¹	
肉桂	肉桂	ɲiuk⁵˃² kui¹¹	
抓藥	拈藥	ɲiam⁵³ ʒok²	
沉香	沉香	tʃim⁵⁵ hioŋ⁵³	
杭菊	杭菊	hoŋ⁵⁵ k'iuk⁵	
紅花	紅花	fuŋ⁵⁵ fa⁵³	
茅根	茅根	mau⁵⁵ **kien⁵³**	
配藥	合藥	kap⁵˃² ʒok²	
配藥	配藥	p'oi¹¹ ʒok²	
鹿茸	鹿茸	luk² ʒuŋ⁵⁵	
麻房	**麻房**	ma⁵⁵ **foŋ⁵⁵**	
犀牛角	犀牛角	si⁵³ **ŋeu⁵⁵** kok⁵	
黃連	黃連	voŋ⁵⁵ lien⁵⁵	

當歸	當歸	toŋ⁵³ kui⁵³	
篁風	篁風	foŋ⁵⁵ fuŋ⁵³	
擂缽	擂缽	lui⁵⁵ pat⁵	一種有溝槽的陶鍋，用來磨粉用。
擂藥	擂藥	lui⁵⁵ ʒok²	
薄荷	薄荷	p'ok² ho⁵⁵	
藥丸	藥丸	ʒok² ʒen⁵⁵	
藥方	藥方	ʒok² foŋ⁵³	
藥水	藥水	ʒok² ʃui¹¹	
藥片	藥片	ʒok² p'ien¹¹	
藥粉	藥粉	ʒok² fun¹¹	
藥缽	藥罐	ʒok² kuan¹¹	煮藥用的藥罐子
藥膏	藥膏	ʒok² ko⁵³	
麝香	麝香	ʃa¹¹ hioŋ⁵³	

十六、人稱

（一）一般人稱

華語詞義	豐順詞彙	豐順語音	備　　註
我	偓	ŋai¹³	
你	你	ni⁵⁵	
他	佢	ki⁵⁵	
女人	細妹人	se¹¹ moi¹¹ ɲin⁵⁵	
仇人	冤仇人	ʒen⁵³ ʃu⁵⁵ ɲin⁵⁵	
兇手	兇手	hiuŋ⁵³ ʃu¹¹	
各人	各人	kok⁵ᐳ² ɲin⁵⁵	
老人家	老人家	lo¹¹ ɲin⁵⁵ ka⁵³	
君子	君子	kiun⁵³ tsɿ¹¹	
男人	男人	nam⁵⁵ ⁽⁵³⁾ ɲin⁵⁵	
朋友	朋友	p'en⁵⁵ ʒiu⁵³	
姘婦	鶴佬嬤	hok² lo¹¹ ma⁵⁵	
姦夫	契哥	k'e¹¹ ko⁵³	

姦夫淫婦	兩伙計	lioŋ¹¹ fo¹¹ ki¹¹	
孩童	孩童	hai⁵⁵ t'uŋ⁵⁵	
陌生人	生份人	saŋ⁵³ fun¹¹ ȵin⁵⁵	
將士	將士	tsioŋ¹¹ si³³	
將軍	將軍	tsioŋ⁵³ kiun⁵³	
眾人	眾人	tʃuŋ¹¹ ȵin⁵⁵	
漢人	漢人	hon¹¹ ȵin⁵⁵	
稱呼	稱呼	tʃ'in⁵³ fu⁵³	
輩份	輩份	poi¹¹ fun³³	

（二）親屬稱謂

華語詞義	豐順詞彙	豐順語音	備　　註
丈夫	老猴牯	lo¹¹ heu⁵⁵ ku¹¹	
丈夫	老仔	lo¹¹ e¹¹	
丈夫	頭家	t'eu⁵⁵ ka⁵³	
大女兒	大妹	t'ai³³ moi¹¹	
大兒子	大䛡	t'ai³³ lai¹¹	
大哥	大貨	t'ai³³ fo¹¹	
女人	婦娘人	pu⁵³ ȵioŋ⁵⁵ ȵin⁵⁵	
女人（自稱）	婦人家	fu¹¹ ȵin⁵⁵ ka⁵³	用於自稱或通稱
女兒	妹	moi¹¹	
女婿	婿郎	se¹¹ loŋ⁵⁵	
子女	子女	tsi¹¹ ŋ̍¹¹	
小女兒	屘女	man⁵³ ŋ̍¹¹	
小兒子	屘子	man⁵³ tsi¹¹	
小孩子	細蚵	se¹¹ o⁵⁵	
夫妻	兩公婆	lioŋ¹¹ kuŋ⁵³ p'o⁵⁵	
父母	爺娘	ʒa⁵⁵ oi⁵³	
兄弟	兄弟	hiuŋ⁵³ t'i³³	
外孫	外孫	ŋoi³³ sun⁵³	
外孫女	外孫女	ŋoi³³ sun⁵³ ŋ̍¹¹	
外祖父	姐公	tsia¹¹ kuŋ⁵³	

外祖母	姐婆	tsia^{11} p'o^{55}	
外甥	外甥	ŋoi^{33} saŋ^{53}	
外甥女	外甥女	ŋoi^{33} saŋ^{53} ŋ̍^{11}	
奶娘	奶孃	**nen^{53}** oi^{53}	
玄孫	**蝨嫲**子	set$^{5>2}$ ma^{55} tsi^{11}	
玄孫女	**蝨嫲**卵	set$^{5>2}$ ma^{55} lon^{11}	
老婆	老猴嫲	lo^{11} heu^{55} ma^{55}	
老婆	婦人家	fu^{33} ɲin^{55} ka^{53}	
老婆	煮飯人	tʃu^{11} p'on^{33} nin^{55}	
老婆	痡娘	pu^{53} ɲioŋ^{55}	
伯公	伯公	pak$^{5>2}$ kuŋ^{53}	
伯母	伯姆	pak$^{5>2}$ me^{53}	
伯伯	阿伯	a^{33} pak^{5}	
伯婆	伯婆	pak$^{5>2}$ p'o^{55}	
弟弟	老弟	lo^{11} t'e^{53}	
弟媳婦	老弟心舅	lo^{11} t'e^{53} sim^{53} k'iu^{53}	
兒子	**䝓**	lai^{11}	
叔公	叔公	ʃuk$^{5>2}$ kuŋ^{53}	
叔叔	阿叔	a^{33} ʃuk^{5}	
叔姪倆	兩姊叔	lioŋ^{11} tsi^{11} ʃuk^{5}	
妹夫	老妹婿	lo^{11} moi^{11} se^{11}	
妹妹	老妹	lo^{11} moi^{11}	
姑丈	姑丈	ku^{53} tʃ'oŋ^{53}	
姑母	阿姑	a^{33} ku^{53}	
姑表兄弟	姑表兄弟	ku^{53} **peu^{11}** hiuŋ^{53} t'i^{33}	
姑表姊妹	姑表姊妹	ku^{53} **peu^{11}** tsi^{11} moi^{11}	
姊夫	姊丈	tsi^{11} tʃ'oŋ^{53}	
姊妹	姊妹	tsi^{11} moi^{11}	
姊妹（兄弟）倆	兩姊妹	lioŋ^{11} tsi^{11} moi^{11}	
姊姊	阿姊	a^{33} tse^{55}	
妯娌	姊嫂	tsi^{11} so^{11}	

爸爸	阿爸	a³³ pa⁵³	
爸爸（避諱）	阿叔	a³³ ʃuk⁵	
表兄弟	表兄弟	**peu¹¹** hiuŋ⁵³ t'i³³	
表姊妹	表姊妹	**peu¹¹** tsi¹¹ moi¹¹	
表的	表	**peu¹¹**	
金孫	金孫	kim⁵³ sun⁵³	
長者稱謂（女性）	伯姆	pak⁵⁾² me⁵³	
長者稱謂（女性）	阿嫂	a³³ so¹¹	
阿姨	阿姨	a³³ ʒi⁵⁵	
姨丈	姨丈	ʒi⁵⁵ tʃ'oŋ⁵³	
姨表兄弟	姨表兄弟	ʒi⁵⁵ **peu¹¹** hiuŋ⁵³ t'i³³	
姨表姊妹	姨表姊妹	ʒi⁵⁵ **peu¹¹** tsi¹¹ moi¹¹	
姨婆	姨婆	ʒi⁵⁵ p'o⁵⁵	
姪女	姪女	tʃ'it² ŋ̍¹¹	
姪子	姪	tʃ'it²	
姪孫	姪孫	tʃ'it² sun⁵³	
哥哥	阿哥	a³³ ko⁵³	
娘家	外家	ŋoi¹¹ ka⁵³	
孫女	孫女	sun⁵³ ŋ̍¹¹	
孫子	孫	sun⁵³	
孫媳婦	孫嫂	sun⁵³ so¹¹	
祖父	阿公	a³³ kuŋ⁵³	
祖母	阿婆	a³³ p'o⁵⁵	
祖孫倆	兩姝阿公	lioŋ¹¹ tsi¹¹ a³³ kuŋ⁵³	
祖孫倆	兩姝阿婆	lioŋ¹¹ tsi¹¹ a³³ p'o⁵⁵	
高祖父	祖太	tsu¹¹ t'ai¹¹	
堂兄弟	叔伯兄弟	ʃuk⁵⁾² pak⁵ hiuŋ⁵³ t'i³³	
堂姊妹	叔伯姊妹	ʃuk⁵⁾² pak⁵ tsi¹¹ moi¹¹	
曾孫	蟲嫲	set⁵⁾² ma⁵⁵	
曾孫女	蟲嫲女	set⁵⁾² ma⁵⁵ ŋ̍¹¹	
曾祖父	公太	kuŋ⁵³ t'ai¹¹	

曾祖母	阿婆太	a³³ p'o⁵⁵ t'ai¹¹	
曾祖母	婆太	p'o⁵⁵ t'ai¹¹	
童養媳	細心舅	se¹¹ sim⁵³ k'iu⁵³	
媽媽	阿姆	a³³ me⁵³	
媽媽	阿媽	a³³ ma⁵³	
媽媽（避諱）	阿嬸	a³³ tsim⁵⁵	
媳婦	心舅	sim⁵³ k'iu⁵³	
嫂嫂	阿嫂	a³³ so¹¹	
新親戚	新親戚	sin⁵³ ts'in⁵³ ts'it⁵	
舅公	舅公	k'iu⁵³ kuŋ⁵³	
舅婆	舅婆	k'iu⁵³ p'o⁵⁵	
舅媽	舅姆	k'iu⁵³ me⁵³	
舅舅	阿舅	a³³ k'iu⁵³	
親家公	親家	ts'in⁵³ ka⁵³	
親家母	且姆	ts'ia⁵³ me⁵³	
親戚	親戚	ts'in⁵³ ts'it⁵	
嬸婆	叔婆	ʃuk⁵ᐟ² p'o⁵⁵	
嬸嬸	阿嬸	a³³ tsim⁵⁵	

十七、姓氏

華語詞義	豐順詞彙	豐順語音	備　　註
文	文	vun⁵⁵	
方	方	foŋ⁵³	
王	王	oŋ⁵⁵	
史	史	sɨ¹¹	
田	田	t'ien⁵⁵	
白	白	p'ak²	
石	石	ʃak²	
朱	朱	tʃu⁵³	
江	江	koŋ⁵³	
百家姓	百家姓	pak⁵ᐟ² ka⁵³ siaŋ¹¹	

何	何	ho⁵⁵	
余	余	ʒi⁵⁵	
吳	吳	ŋ̩⁵⁵	
呂	呂	li⁵³	
宋	宋	suŋ¹¹	
李	李	li¹¹	
杜	杜	t'u¹¹	
沈	沈	ʃim¹¹	
辛	辛	hen¹¹	
卓	卓	tsok⁵	
周	周	**tʃiu⁵³**	
岳飛	岳飛	ŋok² fui⁵³	
林	林	lim⁵⁵	
武	武	vu¹¹	
花	花	fa⁵³	
邵	邵	ʃeu¹¹	
邱	邱	hiu⁵³	
侯	侯	heu⁵⁵	
姜	姜	kioŋ⁵³	
姚	姚	ȵiau⁵⁵	
施	施	ʃɿ⁵³	
洪	洪	fuŋ⁵⁵	
紀	紀	ki¹¹	
胡	胡	fu⁵⁵	
范	范	fam¹¹	
唐	唐	t'oŋ⁵⁵	
夏	夏	ha³³	
孫	孫	sun⁵³	
徐	徐	ts'i⁵⁵	
翁	翁	vuŋ⁵³	
袁	袁	ʒen⁵⁵	

馬	馬	ma⁵³	
常	常	ʃoŋ⁵⁵	
張	張	tʃoŋ⁵³	
曹	曹	ts'o⁵⁵	
梁	梁	lioŋ⁵⁵	
莊	莊	tsoŋ⁵³	
許	許	hi¹¹	
郭	郭	kok⁵	
陳	陳	tʃ'in⁵⁵	
陸	陸	liuk²	
章	章	tʃoŋ⁵³	
傅	傅	fu¹¹	
彭	彭	p'aŋ⁵⁵	
曾	曾	tsen⁵³	
湯	湯	t'oŋ⁵³	
程	程	tʃ'aŋ⁵⁵	
程咬金	程咬金	ts'aŋ⁵⁵ ŋau⁵⁵ kim⁵³	
童	童	t'uŋ⁵⁵	
華	華	fa⁵⁵	
陽	陽	ʒoŋ⁵⁵	
馮	馮	p'uŋ⁵⁵	
黃	黃	voŋ⁵⁵	
楊	楊	ʒoŋ⁵⁵	
葉	葉	ʒap²	
詹	詹	tʃam⁵³	
鄒	鄒	tseu⁵³	
雷	雷	lui⁵⁵	
廖	廖	liau³³	
趙	趙	ts'eu¹¹	
劉	劉	liu⁵⁵	
樊	樊	fan⁵³	

歐	歐	eu⁵³	
潘	潘	p'an⁵³	
蔣	蔣	tsioŋ¹¹	
蔡	蔡	ts'ai¹¹	
諸葛亮	諸葛亮文	tʃu⁵³ ket⁵⁻²⁻² lioŋ¹¹	
鄭	鄭	tʃ'aŋ³³	
鄧	鄧	t'en³³	
黎	黎	le⁵⁵	
盧	盧	lu⁵⁵	
蕭	蕭	siau⁵³	
賴	賴	lai¹¹	
錢	錢	ts'ien⁵⁵	
戴	戴	tai¹¹	
薛	薛	siet⁵	
謝	謝	ts'ia¹¹	
鍾	鍾	tʃuŋ⁵³	
簡	簡	kan¹¹	
藍	藍	lam⁵⁵	
魏	魏	ŋui³³	
羅	羅	lo⁵⁵	
關	關	kon⁵³	
蘇	蘇	su⁵³	
饒	饒	ȵiau⁵⁵	

十八、方位，時位

（一）方位

華語詞義	豐順詞彙	豐順語音	備　　註
下面	下頭	ha⁵³ t'eu⁵⁵	
上面	頂高	taŋ¹¹ ko⁵³	
中央大學	中央大學	tʃuŋ⁵³ ʒoŋ⁵³ t'ai¹¹ hok²	
中間	中央	tuŋ⁵³ oŋ⁵³	

北	北	pet⁵	
北部人—近距離	上頭人	ʃoŋ¹¹ t'eu⁵⁵ ɲin⁵⁵	
北部人—近距離	頂頭人	taŋ¹¹ t'eu⁵⁵ ɲin⁵⁵	
北部人—較遠者	上背人	ʃoŋ¹¹ poi¹¹ ɲin⁵⁵	
北部人—較遠者	頂背人	taŋ¹¹ poi¹¹ ɲin⁵⁵	
北邊	北遍	pet⁵˃² p'ien¹¹	
右邊	正手片	tʃin¹¹ ʃu¹¹ p'ien¹¹	
右邊	正片	tʃin¹¹ p'ien¹¹	
外面	外背	no³³ poi¹¹	
左邊	左手片	tso¹¹ ʃu¹¹ p'ien¹¹	
左邊	左片	tso¹¹ p'ien¹¹	
正中間	對中央	tui¹¹ tuŋ⁵³ oŋ⁵³	
地方	地方	t'i¹¹ foŋ⁵³	
地方	位所	vui³³ so¹¹	
地區	地區	t'i³³ k'i⁵³	
西	西	si⁵³	
西邊	西遍	si⁵³ p'ien¹¹	
住址	住址	tʃ'u¹¹ tʃi¹¹	
到處	到處	to¹¹ tʃ'u¹¹	
到處	滿遍	man⁵³ p'ien¹¹	
東	東	tuŋ⁵³	
東邊	東遍	tuŋ⁵³ p'ien¹¹	
附近文	附近	fu¹¹ k'iun¹¹	
附近	就近	tsiu¹¹ k'ien⁵³	
前面	頭前	t'eu⁵⁵ ts'ien⁵⁵	
南	南	nam⁵⁵	
南部人	下背人	ha⁵³ poi¹¹ ɲin⁵⁵	
南邊	南遍	nam⁵⁵ p'ien¹¹	
城市	城市	ʃaŋ⁵⁵ ʃi³³	
後面	後背	heu³³ poi¹¹	
後退	後退	heu³³ t'ui³³	

派出所	派出所	p'ai¹¹ tʃ'ut⁵˃² so¹¹	
哪裡	奈位	nai¹¹˃¹³ vui¹¹	
旁邊	旁脣	p'oŋ⁵⁵ ʃun⁵⁵	
旁邊	脣頭	ʃun⁵⁵ t'eu⁵⁵	
側角	側角	ts'et⁵˃² kok⁵	
最高處	最頂高	tui¹¹˃¹³ taŋ¹¹ ko⁵³	
最高處	最頂高	tui¹¹ taŋ¹¹ ko⁵³	
街上	街路	ke⁵³ lu¹¹	
裡面	底背	ti⁵³ poi¹¹	
裡面	壁角	piak⁵˃² kok²	
隔壁	隔壁	kak⁵˃² piak⁵	
對巷	對巷	tui¹¹ hoŋ¹¹	
對面	對面	tui¹¹ mien¹¹	
樓下	棚下	p'aŋ⁵⁵ ha⁵³	
樓下	樓下	leu⁵⁵ ha⁵³	
樓上	棚頂	p'aŋ⁵⁵ taŋ¹¹	
樓上	樓頂	leu⁵⁵ taŋ¹¹	
鄰居	鄰舍	lin⁵⁵ ʃa¹¹	

（二）時位

華語詞義	豐順詞彙	豐順語音	備　　註
一日	一日	ʒit⁵˃² ɲit⁵	
一會兒	一下	ʒit⁵˃² ha³³	
一輩子	一生人	ʒit⁵˃² sen⁵³ ɲin⁵⁵	
以前	以早	ʒi⁵³ tso¹¹	
以前	以前	ʒi⁵³ ts'ien⁵⁵	
以前	頭擺	t'eu⁵⁵ pai¹¹	
以後	以後	ʒi⁵³ heu³³	
立刻	馬上	ma⁵³ ʃoŋ¹¹	
立刻	隨時	sui⁵⁵ ʃi⁵⁵	
多少天	幾日	kio⁵³ ɲit⁵	

有時候	成下	ʃaŋ⁵⁵ ha¹¹	
每日	逐日	tak⁵>² ɲit⁵	
沒多久	無幾久	mo⁵⁵ kit⁵>² kiu¹¹	
那一陣子	該泊	ke⁵⁵ pok⁵	
那時候	該倆時	ke⁵⁵ lioŋ⁵³ ʃi⁵⁵	
一段時間	好久	ho¹¹ kiu¹¹	不同於「當久」「久」。例1：有好久囉！例2：好久沒去囉！
很久	當久	toŋ⁵³ kiu¹¹	
很久	盡久	ts'in³³ kiu¹¹	
很久以前	老頭擺	lo¹¹ t'eu⁵⁵ pai¹¹	
很少	當少	toŋ⁵³ ʃeu¹¹	
剛才	頭下	t'eu⁵⁵ ha¹¹	
剛才	頭先	t'eu⁵⁵ sen⁵³	
剛才	該下	ke⁵⁵ ha¹¹	
時節	時節	ʃi⁵⁵ tsiet⁵	
眨一下眼	瞔下目	ɲiap⁵>² ha³³ muk⁵	
起初	當初	toŋ⁵³ ts'u⁵³	
從前	頭過	t'eu⁵⁵ ko¹¹	
從前	頭擺	t'eu⁵⁵ pai¹¹	
接下去	接下去	tsiap⁵>² ha⁵³ hi³³	
現在	這下	lia¹³ ha¹¹	
這一陣子	這泊	lia¹³ pok⁵	
這一陣子	這暫	lia¹³ ts'am¹¹	
這次	這下	lia¹³ ha³³	see also「現在」。
這次	這擺	lia¹³ pai¹¹	
這時候	這倆時	lia¹³ lioŋ⁵³ ʃi⁵⁵	
最後	過尾	ko¹¹ mui⁵³	
最後	過後	ko¹¹ heu³³	
幾天！	幾日	ki¹¹ ɲit⁵	
等一下	加下	ka⁵³ ha¹¹	
等一下	等一下	ten¹¹ ʒit⁵>² ha³³	

順便	順續	ʃun³³ sa¹¹	
過一陣子	加泊	ka⁵³ pok⁵	
整天	歸日	kui⁵³ ɲit⁵	
羅盤	羅盤	lo⁵⁵ p'an⁵⁵	

十九、婚喪喜慶

華語詞義	豐順詞彙	豐順語音	備　　註
入塔	入塔	ɲip² t'ap⁵	
入塔	進塔	tsin¹¹ t'ap⁵	
大小老婆	大婆細姐	t'ai³³ p'o⁵⁵ se¹¹ tsia¹¹	
大香	大香	t'ai¹¹ hioŋ⁵³	
天金─拜天公用	天金	t'ien⁵³ kim⁵³	
夭折	夭折	ʒeu⁵³ tset⁵	
夭壽	夭壽	ʒeu⁵³ ʃu¹¹	
手鐲	手鍔	ʃu¹¹ ak⁵	
冬瓜茶燭	冬瓜茶燭	tuŋ⁵³ kua⁵³ ts'a⁵⁵ tʃuk⁵	
冬瓜糖	冬瓜糖	tuŋ⁵³ kua⁵³ t'oŋ⁵⁵	
出殯	出山	tʃ'ut⁵˃² san⁵³	
出殯	出山	tʃ'ut⁵˃² san⁵³	
包禮金	包禮	pau⁵³ li⁵³	
尼姑	齋嫲	tsai⁵³ ma⁵⁵	
打金飾	打金	ta¹¹ kim⁵³	
刑場	芒埔	moŋ⁵⁵ pu⁵³	
回娘家	轉外家	tʃon¹¹ ŋoi¹¹ ka⁵³	
地理先生	地理先生	t'i³³ li⁵³ sin⁵³ saŋ⁵³	
成服	著衫	tʃok⁵˃² sam⁵³	
死掉	死忒	si¹¹ t'et⁵	
耳環	耳環	ni¹¹ van⁵⁵	
坐月子	做月	tso¹¹ ɲiet²	
床錢─拜天公用	床錢	ts'oŋ⁵⁵ ts'ien⁵⁵	敬天公時夾在天金中的。如： 天金合床錢「t'ien⁵³ kim⁵³ kak⁵˃² ts'oŋ⁵⁵ ts'ien⁵⁵」。

戒指	禁指	kim¹¹ tʃi¹¹	
取名字	安名	on⁵³ miaŋ⁵⁵	
和尚	齋公	tsai⁵³ kuŋ⁵³	
念經超渡	拜懺	pai¹¹ ts'am¹¹	
服孝服	著麻衫	tʃok⁵˃² ma⁵⁵ sam⁵³	
服孝服─玄孫穿	著紅衫	tʃok⁵˃² fuŋ⁵⁵ sam⁵³	
法事程序表	和尚單	vo⁵⁵ ʃoŋ³³ tan⁵³	
金炮燭	金炮燭	kim⁵³ p'au¹¹ tʃuk⁵	
金飾	金	kim⁵³	
金簪	金釵	kim⁵³ ts'ai⁵³	
姻緣	姻緣	ʒin⁵³ ʒen⁵⁵	
封棺─以柏油塗	打桶	ta¹¹ t'uŋ¹¹	
流產	落胎	lau¹¹ t'oi⁵³	
紅紙袋	紅紙袋	fuŋ⁵⁵ tʃi¹¹ t'oi³³	
胎盤	胞衣	pau⁵³ ʒi⁵³	
訂婚	訂婚	t'in³³ fun⁵³	
訂婚	過訂	ko¹¹ t'in³³	
害喜	發子	pot⁵˃² tsɿ¹¹	
茶葉	茶米	ts'a⁵⁵ mi¹¹	
骨罈	金斗甖	kim⁵³ teu¹¹ aŋ⁵³	
做七	做七	tso¹¹ ts'it⁵	
做法事	做齋	tso¹¹ tsai⁵³	
做媒	做媒人	tso¹¹ moi⁵⁵ ɲin⁵⁵	
做壽	做生日	tso¹¹ saŋ⁵³ ɲit⁵⁵	
做對歲	做對歲	tso¹¹ tui¹¹ soi¹¹	
做滿月	做滿月	tso¹¹ man⁵³ ɲiet²	
剪臍帶	斷帶	ton¹¹ tai¹¹	
唅口銀	含口銀	ham⁵⁵ k'eu¹¹ ɲien⁵⁵	
娶孫媳婦	討孫嫂	t'o¹¹ sun⁵³ so¹¹	
娶媳婦	討心舅	t'o¹¹ sim⁵³ k'iu⁵³	
捧飯	兜飯	teu⁵³ p'on³³	

掃墓	掛紙	kua¹¹ tʃi¹¹	
產婆	產婆	san¹¹ p'o⁵⁵	
移屍入棺	細殮	se¹¹ liam³³	
喪事	喪事	soŋ⁵³ si¹¹	
媒人公	媒人公	moi⁵⁵ nin⁵⁵ kuŋ⁵³	
媒人婆	媒人婆	moi⁵⁵ nin⁵⁵ p'o⁵⁵	
普渡—人老用	普渡	p'u⁵³ tu¹¹	
棺材	四枝釘	si¹¹ ki⁵³ ten⁵³	
棺材	四塊枋	si¹¹ te¹¹ pioŋ⁵³	
棺材	老壽	lo¹¹ ʃu³³	
棺材	杉枋	ts'am¹¹ pioŋ⁵³	
棺材	棺材	kon⁵³ ts'oi⁵⁵	
棺被	棺被	kon⁵³ p'i⁵³	
棺蓆	棺蓆	kon⁵³ ts'iak²	
發帖子	出帖	tʃ'ut⁵ᐳ² t'iap⁵	
結婚	結婚	kiet⁵ᐳ² fun⁵³	
買金飾	買金	mai⁵³ kim⁵³	
項鍊	脖鍊	p'at² lien³³	
圓七	圓七	ʒen⁵⁵ ts'it⁵	
嫁女兒	嫁妹	ka¹¹ moi¹¹	
意外事故	出煞	tʃ'ut⁵ᐳ² sat⁵	
意外唸經	出煞（了）	tʃ'ut⁵ᐳ² sat⁵（le¹¹）	
搬家	徙屋	sai¹¹ vuk⁵	
新房	新娘間	sin⁵³ nioŋ⁵⁵ kien⁵³	
新郎	新娘公	sin⁵³ nioŋ⁵⁵ kuŋ⁵³	
新娘	新娘	sin⁵³ nioŋ⁵⁵	
腳尾—指供品	腳尾	kiok⁵ᐳ² mui⁵³	
跟拜	滕拜	t'en⁵⁵ pai¹¹	
道士—人老	和尚	vo⁵⁵ ʃoŋ³³	
過世	人死	nin⁵⁵ si¹¹	
過世	百年	pak⁵ᐳ² nien⁵⁵	

過世	食祿滿	ʃit² luk⁵ man⁵³	
過世	過身	ko¹¹ ʃin⁵³	
過世	轉老屋	tʃon¹¹ lo¹¹ vuk⁵	
墓碑	碑石	pi⁵³ ʃak²	
算命先生	算命先生	son¹¹ miaŋ³³ sin⁵³ saŋ⁵³	
蓋棺	大殮	t'ai³³ liam³³	
覡公—意外	覡公	ʃaŋ¹¹ kuŋ⁵³	
墳墓	塔	t'ap⁵	
請期	送日	suŋ¹¹ ɲit⁵	
撿骨	起骨	hi¹¹ kut⁵	
撿骨	撿骨	kiam¹¹ kut⁵	
糕餅	糕	ko⁵³	
戴孝	戴孝	tai¹¹ hau¹¹	
禮物	等路	ten¹¹ lu³³	
臍帶	臍帶	ts'i⁵⁵ tai¹¹	
離婚	離婚	li⁵⁵ fun⁵³	
雙胞胎	雙胞卵	suŋ⁵³ pau⁵³ lon¹¹	
懷孕	有身項	ʒiu⁵³ ʃin⁵³ hoŋ¹¹	
爆米花	米膨	mi¹¹ p'oŋ¹¹	
爆米花	米粳糕	mi¹¹ tʃ'aŋ⁵⁵ ko⁵³	

二十、宗教

華語詞義	豐順詞彙	豐順語音	備　　註
七娘	七娘	ts'it⁵>² ɲioŋ⁵⁵	
八仙綵	八仙綵	pat⁵>² sien⁵³ ts'ai¹¹	
卜卦	卜卦	pok⁵>² kua¹¹	
三牲	三牲	sam⁵³ sen⁵³	三牲包括二肉一素，或三肉。
土地公	伯公	pak⁵>² kuŋ⁵³	
五穀爺	五穀爺	ŋ̍¹¹ kuk⁵>² ʒa⁵⁵	
天公	天公	t'ien⁵³ kuŋ⁵³	

天公金	天金	t'ien⁵³ kim⁵³	
天公爐	天公爐	t'ien⁵³ kuŋ⁵³ lu⁵⁵	
天主堂	天主堂	t'ien⁵³ tʃu¹¹ t'oŋ⁵⁵	
太牌	**太牌**	t'ai³³ **p'e**⁵⁵	阿公婆牌中較大位之牌位
文昌君	文昌君	vun⁵⁵ tʃ'oŋ⁵³ kiun⁵³	
王爺	王爺	voŋ⁵⁵ ʒa⁵⁵	
打醮	打醮	ta¹¹ tsiau¹¹	
乩童	童乩	t'uŋ⁵⁵ ki⁵³	
好兄弟＝孤魂野鬼	拜好兄弟	pai¹¹ ho¹¹ hiuŋ⁵³ t'i³³	*忌諱詞
收驚	收驚	ʃu⁵³ kiaŋ⁵³	
有應公	有應公	ʒiu⁵³ ʒin¹¹ kuŋ⁵³	專門在祭祀孤魂野鬼的廟
佛祖	佛祖	fut² tsu¹¹	
佛堂＝齋堂	佛堂	fut² t'oŋ⁵⁵	
床衣	**更衣**	**ken**⁵³ ʒi⁵³	七月半普渡用的
床神	床公婆	ts'oŋ⁵⁵ kuŋ⁵³ p'o⁵⁵	
更衣	**換衫**	van¹¹ sam⁵³	
灶君爺	灶君爺	tso¹¹ kiun⁵³ ʒa⁵⁵	
和尚	和尚	vo⁵⁵ ʃoŋ¹¹	
抽籤	抽籤	tʃ'u⁵³ ts'iam⁵³	
保佑	庇佑	pi¹¹ ʒiu³³	
拜天公	拜天公	pai¹¹ t'ien⁵³ kuŋ⁵³	
拜天公	敬天公	kin¹¹ t'ien⁵³ kuŋ⁵³	
拜拜	拜神	pai¹¹ ʃin⁵⁵	
拜拜	敬神	kin¹¹ ʃin⁵⁵	
拜拜	燒香	ʃeu⁵³ hioŋ⁵³	
牲禮	**牲儀**	sen⁵³ ɲi⁵⁵	
香油錢	香油錢	hioŋ⁵³ ʒiu⁵⁵ ts'ien⁵⁵	
香爐	香爐	hioŋ⁵³ lu⁵⁵	
恩主公	恩主公	en⁵³ tʃu¹¹ kuŋ⁵³	

祖先	阿公婆	a^{33} kuŋ^{53} p'o^{55}	
祖先牌位	阿公婆牌	a^{33} kuŋ^{53} p'o^{55} **p'e^{55}**	
神桌	神桌	ʃin^{55} tsok^{5}	
神桌圍	桌圍	tsok$^{5>2}$ vui^{55}	
笑筊	笑筊	siau^{11} kau^{11}	兩面都是往上翻的。
做紀念日	**做公忌**	tso^{11} kuŋ^{53} k'i^{11}	閩人才有做忌，當地人做公祭為 1 月 19 日及 9 月 13 日。
問神	問神	mun^{11} ʃin^{55}	
唸經	唸經	ȵiam^{11} ken^{53}	
基督教	基督教	ki^{53} tuk$^{5>2}$ kau^{11}	
帶神符	帶拳	tai^{11} k'ien^{11}	
涼傘	涼傘	lioŋ^{55} **ʃen^{11}**	
符誥	符誥	**p'u^{55}** kau^{11}	黑符，會使人不幸。
陰筊	陰筊	ʒim^{53} kau^{11}	兩面都是覆蓋的。
割金	割金	kot$^{5>2}$ kim^{53}	
割香	割香	kot$^{5>2}$ hioŋ^{53}	
普渡	普渡	p'u^{53} tu^{11}	
替身白虎	**替身白虎**	**t'ai^{11}** ʃin^{53} p'ak^{2} fu^{11}	以前用來送鬼神用的。
湊牲	**湊牲**	ts'eu^{11} sen^{53}	在牲品上加上一些附屬的祭品。
童子	童子	t'uŋ^{55} tsi^{11}	翻譯乩童講話的人，較少說。
媽祖婆	媽祖婆	ma^{53} tsu^{11} p'o^{55}	
萬善爺	萬善公	van^{11} ʃen^{11} kuŋ^{53}	
聖筊	聖筊	ʃin^{11} kau^{11}	一反一正。
解籤	**解籤詩**	kai^{11} ts'iam^{53} ʃi^{53}	
跳童	跳童	t'iau^{55} t'uŋ^{55}	
壽金	壽金	**ʃu^{33}** kim^{53}	
福金	福金	fuk$^{5>2}$ kim^{53}	
誦經	誦經	siuŋ^{11} ken^{53}	
銀紙	銀紙	**ȵien^{55}** tʃi^{11}	

魂魄	魂魄	fun⁵⁵ p'ak⁵	
廟公	香公	hioŋ⁵³ kuŋ⁵³	專門管理寺廟的人。
廟公	廟公	miau³³ kuŋ⁵³	專門管理寺廟的人。
燒金	燒金	ʃeu⁵³ kim⁵³	
還願＝答謝	還神	van⁵⁵ ʃin⁵⁵	
點香	點香	tiam¹¹ hioŋ⁵³	
齋堂＝佛堂	齋堂	tsai⁵³ t'oŋ⁵⁵	
擲筊杯	跌聖筊	tiet⁵˃² ʃin¹¹ kau¹¹	
雞鴨鵝	頭牲	t'eu⁵⁵ saŋ⁵³	
題香油錢	題香油	t'i⁵⁵ hioŋ⁵³ ʒiu⁵⁵	指做戲時，善男信女捐的款。
籤筒	籤筊	ts'iam⁵³ koŋ⁵⁵	
籤詩	籤詩	ts'iam⁵³ ʃi⁵³	
觀音娘	觀音娘	kon⁵³ ʒim⁵³ ɲioŋ⁵⁵	

二十一、文教休閒

（一）文教

華語詞義	豐順詞彙	豐順語音	備　　註
下課	下課	ha³³ k'o¹¹	
下課	放學	pioŋ¹¹ hok²	
上學	上學	ʃoŋ⁵³ hok²	
大鼓	大鼓	t'ai³³ ku¹¹	
大銅鑼	大銅鑼	t'ai³³ t'uŋ⁵⁵ lo⁵⁵	
大廣弦	冇瓠	p'aŋ¹¹ p'u⁵⁵	弦為大管的。
大戲	大戲	t'ai³³ hi¹¹	
大戲	做採茶	tso¹¹ ts'ai¹¹ ts'a⁵⁵	
小生	小生	siau¹¹ sen⁵³	
小學	小學	seu¹¹ hok²	
小學	小學	siau¹¹ hok²	
丑	丑	tʃ'u¹¹	
升官	升官	ʃin⁵³ kon⁵³	

文化	文化	vun⁵⁵ fa¹¹	
日誌	日誌	ɲit⁵ᐟ² tʃɿ¹¹	
月曆	月曆	ɲiet² lak²	
毛筆	濕筆	ʃip⁵ᐟ² pit⁵	
火車票	火車單	fo¹¹ tʃ'a⁵³ tan⁵³	
牛角	牛角	ŋeu⁵⁵ kok⁵	
外臺戲	外臺戲	ŋoi³³ t'oi⁵⁵ hi¹¹	
布袋戲	布袋戲	pu¹¹ᐟ³³ t'oi³³ hi¹¹	
白臉	白面	p'ak² mien¹¹	
白臉奸臣	白面奸臣	p'ak² mien¹¹ kan⁵³ ʃin⁵⁵	
丞相	丞相	ʃin⁵⁵ sioŋ¹¹	
同學	同學	t'uŋ⁵⁵ hok²	
奸臣	奸臣	kan⁵³ ʃin⁵⁵	
字典	字典	sɿ³³ tien¹¹	
成績	成績	ʃin⁵⁵ tsit⁵	
曲	曲	k'iuk⁵	
老生	老生	lo¹¹ sen⁵³	
考試	考試	k'o¹¹ ʃi¹¹	
作業	作業	tsok⁵ᐟ² ɲiap²	
投票	打票	ta¹¹ p'iau¹¹	
弦	冇瓠	p'aŋ¹¹ p'u⁵⁵	
弦	弦	hien⁵⁵	
拉弦	挨弦	e⁵³ hien⁵⁵	
放假	放假	pioŋ¹¹ ka¹¹	
放假	放料	pioŋ¹¹ liau³³	
放榜	放榜	pioŋ¹¹ poŋ¹¹	
花旦	花旦	fa⁵³ tan¹¹	
花臉	大花	t'ai³³ fa⁵³	
陀螺	極樂	k'it² lok²	
信	信	sin¹¹	
信封	信封	sin¹¹ fuŋ⁵³	

政治	政治	tʃin¹¹ tʃˈi³³	
故事書	傳書	tʃˈon¹¹ ʃu⁵³	
背書	背書	pˈoi¹¹ ʃu⁵³	
苦旦	苦旦	kˈu¹¹ tan¹¹	
風琴	風琴	fuŋ⁵³ kˈim⁵⁵	
剪票	剪單	tsien¹¹ tan⁵³	
採茶戲	三脚採茶	sam⁵³ kiok⁵˃² tsˈai¹¹ tsˈa⁵⁵	
採茶戲	打採茶	ta¹¹ tsˈai¹¹ tsˈa⁵⁵	客家傳統的一種劇種。
教育	教育	kau¹¹ ʒuk²	
傀儡戲	吊牽絲	tiau¹¹ kˈien⁵⁵ sɨ⁵³	
博物館	博物館	pok⁵˃² vut² kon¹¹	
單皮鼓	的鼓	**tiak²** ku¹¹	
報紙	新聞紙	sin⁵³ vun⁵⁵ tʃɨ¹¹	
寒假	寒假	hon⁵⁵ ka¹¹	
暑假	避暑	pˈit² tʃˈu³³	
硯臺	墨盤	met² pˈan⁵⁵	
詞	詞	tsˈɨ⁵⁵	
郵票	郵票	ʒiu⁵⁵ pˈiau¹¹	
新聞	新聞	sin⁵³ vun⁵⁵	
萬年筆	萬年筆	van¹¹ ɲien⁵⁵ pit⁵	
腳色	腳色	kiok⁵˃² set⁵	
詩	詩	ʃɨ⁵³	
農民曆	通書	tˈuŋ⁵³ ʃu⁵³	較農民曆大本。
農民曆	農民曆	nuŋ⁵⁵ min⁵⁵ lak²	
鉛筆	圓筆	ʒen⁵⁵ pit⁵	
鼓	鼓	ku¹¹	
嗩吶	笛	**tˈet²**	
演戲	做戲	tso¹¹ hi¹¹	神明生，打醮。
臺灣書	臺灣書	tˈoi⁵⁵ van⁵⁵ ʃu⁵³	
銅鑼	銅鑼	tˈuŋ⁵⁵ lo⁵⁵	
鈸鑼	鈸鑼	tiu⁵⁵ lo⁵⁵	

鋐鑼的鼓	鋐鑼的鼓	tiu⁵⁵ lo⁵⁵ tiak² ku¹¹	
銬枷	手扣	ʃu¹¹ **k'eu¹¹**	
墨	墨	met²	
學生	學生	hok² saŋ⁵³	
學堂	高等科	ko⁵³ ten¹¹ k'o⁵³	日據時代的大學。
歷史	歷史	lit² sɨ¹¹	
燈籠	燈籠	ten⁵³ luŋ⁵⁵	
鋼琴	鋼琴	koŋ¹¹ k'im⁵⁵	
鋼筆	鋼筆	koŋ¹¹ pit⁵	
龍角	龍角	liuŋ⁵⁵ kok⁵	
戲棚	戲棚	hi¹¹ p'aŋ⁵⁵	演戲的舞台。
戲臺	戲臺	hi¹¹ t'oi⁵⁵	搬演野台戲的場所。
講古	傳	tʃ'on¹¹	
講古	講古	koŋ¹¹ ku¹¹	
講習所	講習所	koŋ¹¹ sip² so¹¹	類似今日的社區活動中心，大人小孩均可參加。
簫	笛	**t'et²**	
簫	簫	siau⁵³	
鐃鈸	鑱鎈	ts'em¹³ ts'e⁵³	
讀書	讀書	t'uk² ʃu⁵³	
鑼鼓	鑼鼓	lo⁵⁵ ku¹¹	

（二）休閒

華語詞義	豐順詞彙	豐順語音	備　　註
下好離手	走開	tseu¹¹ k'oi⁵³	意為不准再變更賭注了。
下棋	下棋	ha⁵³ k'i⁵⁵	
下賭注	砣錢	tsak⁵ᐳ² ts'ien⁵⁵	
比賽	比賽	pi¹¹ soi¹¹	
四色牌	打十副	ta¹¹ ʃip² fu⁵⁵	
打水漂兒	打水漂	ta¹¹ ʃui¹¹ p'iu¹¹	
打陀螺	打極樂	ta¹¹ k'it² lok²	
打麻將	打麻雀	ta¹¹ ma⁵⁵ ts'iok²	

打鈸鑼的鼓	打鈸鑼的鼓	ta¹¹ tiu⁵⁵ lo⁵⁵ tiak² ku¹¹	
打鑼鼓	打鑼鼓	ta¹¹ lo⁵⁵ ku¹¹	
向後倒	打缸摳	ta¹¹ koŋ⁵³ mak⁵	
吹氣球	噴雞頏	p'un⁵⁵ ke⁵³ koi⁵³	
拔河	挷索	paŋ⁵³ sok⁵	
拐小孩	拐細人	kuai¹¹ se¹¹ ȵin⁵⁵	拿東西誘騙小孩使其不哭鬧。
放紙炮	打紙炮	ta¹¹ tʃi¹¹ p'au¹¹	
爬山	爬山	p'a⁵⁵ san⁵³	
爬山	蹶山	k'iet² san⁵³	
玩偶	人公	ȵin⁵⁵ kuŋ⁵³	小孩子的玩偶。
花燈	花燈	fa⁵³ ten⁵³	
陀羅—會響的	響笐	hioŋ¹¹ koŋ⁵⁵	竹製的。
胡扯蛋	畫虎屄	fa¹¹ fu¹¹ lin⁵⁵	
音樂	音樂	ʒim⁵³ ŋok²	
風箏	紙鷂	tʃi¹¹ ʒeu¹¹	
捏麵人	泥人公	ne⁵⁵ ȵin⁵⁵ kuŋ⁵³	
捉迷藏	囥人尋	k'oŋ¹¹ ȵin⁵⁵ ts'im⁵⁵	
捉迷藏	混囥尋	fun¹¹ k'oŋ¹¹ ts'im⁵⁵	
旅行	旅行	li⁵³ haŋ⁵⁵	
氣球	雞頏	ke⁵³ koi⁵³	
紙牌	紙牌	tʃi¹¹ p'e⁵⁵	小孩玩的圓紙牌。
假面具	鬼面殼	kui¹¹ mien¹¹ hok⁵	
做謎語	做鈴	tso¹¹ liaŋ¹¹	
側彎	打側	ta¹¹ tset⁵	
唱歌	唱歌	tʃ'oŋ¹¹ ko⁵³	
帶小孩	渡細人	t'u³³ se¹¹ ȵin⁵⁵	
聊天	打發	ta¹¹ fat⁵	
聊天	打嘴鼓	ta¹¹ tʃoi¹¹ ku¹¹	
麻將	麻雀	ma⁵⁵ ts'iok²	
麻將牌	紙牌	tʃi¹¹ p'e⁵⁵	

棋子	棋子	k'i⁵⁵ tsɨ¹¹	
棋盤	棋盤	k'i⁵⁵ p'an⁵⁵	
游泳	泅水	ts'iu⁵⁵ ʃui¹¹	
畫圖	畫圖	fa¹¹ t'u⁵⁵	
跳高	跳高	t'iau¹¹ ko⁵³	
跳繩	跳索	t'iau¹¹ sok⁵	
電影	電影	t'ien³³ ʒaŋ¹¹	
鼓掌	打撲掌	ta¹¹ p'uk⁵ᐟ² tʃoŋ¹¹	
漫畫書	畫圖書	fa¹¹ t'u⁵⁵ ʃu⁵³	閩南話叫「尪仔冊」。
遠足	en sok k'u	en¹³ sok⁵ k'u¹¹	*源自日語。
骰子	拋骰	ʒa¹¹ tau⁵⁵	
彈弓	射箭	ʃa¹¹ tsien¹¹	
撞球	捅球	tuŋ¹¹ k'iu⁵⁵	
撲克牌	k'e tsi paŋ	k'e¹¹ tsi⁵⁵ paŋ⁵³	*源自日語。
撐竿跳	跳竹篙	t'iau¹¹ tʃuk⁵ᐟ² ko⁵³	
潛水	點覓	tiam¹¹ mi³³	
賭博	賭繳	tu¹¹ kiau¹¹	
踩高蹺	接腳	tsiap⁵ᐟ² kiok⁵	
撿紅點	拈紅點	ȵiam⁵³ fuŋ⁵⁵ tiam¹¹	一種玩牌的方式。
辦家家酒	混且姆	fun¹¹ ts'ia⁵³ me⁵³	
辦家家酒	混傢啦	fun¹¹ ka⁵³ la⁵³	
辦家家酒	搞且姆	kau¹¹ ts'ia⁵³ me⁵³	
鋼珠	圓子	ʒen⁵⁵ tsɨ¹¹	
盪鞦韆	吊筋槓	tiau¹¹ kin⁵⁵ koŋ¹¹	
賽跑	走相逐	tseu¹¹ sioŋ⁵³ kiuk⁵	
賽跑	相走	sioŋ⁵³ tseu¹¹	
繞圓圈	適圓圈	tit⁵ᐟ² ʒen⁵⁵ k'ien⁵³	
翻筋斗	翻筋斗	fan⁵³ kin¹¹ teu¹¹	
騙小孩	騙細人	p'ien¹¹ᐟ³³ se¹¹ ȵin⁵⁵	誘騙小孩使其不哭鬧。

（三）象棋名稱

華語詞義	豐順詞彙	豐順語音	備　　註
將	么	**ʒeu**[53]	
士	士	si[11]	
象	象	sioŋ[11]	
車	車	ki[53]	
馬	馬	ma[53]	
砲	砲	p'au[11]	
兵	兵	pin[53]	
卒	卒	tsut[2]	

二十二、商職名稱

華語詞義	豐順詞彙	豐順語音	備　　註
乞丐	乞食	**k'e**[33] ʃit[2]	
大學生	大學生	t'ai[33] hok[2] saŋ[53]	
小吃店	點心店	tiam[11] sim[53] tiam[11]	
工人	做事刻	tso[11] ʃe[11] k'at[5]	
工作	食頭路	ʃit[2] t'eu[55] lu[33]	
工作	做事	tso[11] ʃe[33]	
不義之財	冤枉錢	ʒen[53] voŋ[11] ts'ien[55]	
不賺不賠	打平過	ta[11] p'iaŋ[55] ko[11]	
中間人	做中人	tso[11] tʃuŋ[53] ȵin[55]	
手頭	手頭	ʃu[11>33] t'eu[55]	
手頭好	手頭好	ʃu[11>33] t'eu[55] ho[11]	習慣語，如：「手頭好」可指手氣或工作順利而言。
木匠	木匠	muk[5>2] sioŋ[33]	
欠錢	欠錢	k'iam[11] ts'ien[55]	
司機（日）	運轉手	ʒun[33] tʃon[11] ʃu[11]	
外快	外水	ŋoi[33] ʃui[11]	
尼姑	尼姑	ni[55] ku[53]	

打折	（較）相引	（ha$^{11>33}$）sion^{53} ʒin^{53}	
打折	割引	kot$^{5>2}$ ʒin^{53}	
打零工	做小工	tso^{11} siau^{11} kuŋ^{53}	
打鐵	打鐵	ta^{11} t'iet^5	
生意	生理	sen^{53} li^{53}	
生意人才	生理腳	sen^{53} li^{53} kiok^5	
生意人才	生理嘴	sen^{53} li^{53} tʃoi^{11}	
交官	交關	kau^{53} kuan^{53}	
休息	歇睏	hiet$^{5>2}$ k'un^{11}	
份量	秤頭	tʃ'in^{11} t'eu^{55}	
份量少	無額	mo^{55} ɲiak^5	
份量多	有額	ʒiu^{53} ɲiak^5	
同事	同事	t'uŋ^{55} si^{33}	
回扣	後手	heu^{33} ʃu^{11}	
多餘之錢	長錢	tioŋ^{55} ts'ien^{55}	
存錢	貯金	tu^{11} kim^{53}	
存錢	凝錢	k'ien^{55} ts'ien^{55}	
有錢人	有錢人	ʒiu^{53} ts'ien^{55} ɲin^{55}	
老師	先生	sin^{53} saŋ^{53}	
老闆	頭家	t'eu^{55} ka^{53}	
老闆娘	頭家娘	t'eu^{55} ka^{53} ɲioŋ^{55}	
佣金	中人禮	tʃuŋ^{53} ɲin^{55} li^{53}	
利息	利子	li^{33} tsɨ^{11}	
利息	利錢	li^{33} ts'ien^{55}	
困苦	困苦	k'un^{11} k'u^{11}	
妓女	賺食嫲	ts'on^{33} ʃit^2 ma^{55}	
妓女戶	賺食間	ts'on^{33} ʃit^2 kien^{53}	
局長	局長	k'iuk^2 tʃoŋ^{11}	
批貨	割貨	kot$^{5>2}$ fo^{11}	
批發	大賣	t'ai^{33} mai^{33}	
走後門	挨後手	tut$^{5>2}$ heu^{33} ʃu^{11}	

車掌小姐	車掌嬤	tʃ'a^{53} tʃoŋ^{11} ma^{55}	
委員	委員	**vi^{53}** ʒen^{55}	
房租	屋稅	vuk$^{5>2}$ ʃoi^{11}	
抵債	堵數	tu^{55} sɿ^{11}	
泥水匠	做泥水	tso^{11} ne^{55} ʃui^{11}	
長工	長年	tʃ'oŋ^{55} ɲien^{55}	
契約	契約	k'e^{11} ʒok^{5}	
律師	律師	**liut^{2}** si^{53}	
政府	官廳	kon^{53} **t'en^{53}**	
看牛的	掌牛刻	tʃoŋ^{11} ŋeu^{55} k'at^{5}	
軍人	兵	pin^{53}	
倒店	橫光忒了	vaŋ^{33} koŋ^{53} t'et^{5} le^{53}	
師母	先生娘	sin^{53} sen^{53} ɲioŋ^{55}	
師傅	師	sɿ^{53}	
浪費	打爽	ta^{11} soŋ^{11}	
留一些錢—指要省一點	**留糧**	liu^{55} lioŋ^{55}	
茶室	茶店	ts'a^{55} tiam^{11}	
記數	記數	ki^{11} sɿ^{11}	
討債	討債	t'o^{11} tsai^{11}	
酒家女	酒家女	tsiu^{11} ka^{53} ŋ^{11}	
做粗重之事	做武事	tso^{11} vu^{11} ʃe^{33}	
國術師父	拳頭師父	k'ien^{55} t'eu^{55} si^{53} fu^{33}	
帳簿	數簿	sɿ^{11} p'u^{53}	
強盜	強盜	k'ioŋ^{55} t'o^{33}	
殺豬者	剮豬	tʃ'ɿ^{55} tʃu^{53}	
烹飪	煮食	tʃu^{11} ʃit^{2}	
牽豬哥	牽豬哥	k'ien^{53} tʃu^{53} ko^{53}	
理賠金	賠命錢	p'oi^{55} miaŋ^{33} ts'ien^{55}	
理髮店	剃頭店	**t'e^{11}** t'eu^{55} tiam^{11}	
現金	**浮錢**	p'o^{55} ts'ien^{55}	

剩餘之錢	春錢	tʃ'un⁵³ ts'ien⁵⁵	
硬幣	零角	**len⁵⁵** kok⁵	
裁判	裁判	ts'ai⁵⁵ p'an¹¹	
費用	所費	so¹¹ fui¹¹	
跌價	落價	lok² ka¹¹	
郵差	送信	suŋ¹¹ sin¹¹	
鈔票	銀票	**ȵien⁵⁵** p'iau¹¹	
匯錢	匯錢	fui¹¹ ts'ien⁵⁵	
農夫	耕田人	kaŋ⁵³ t'ien⁵⁵ ȵin⁵⁵	
零售	小賣	**seu¹¹** mai³³	
零錢	零星	**len⁵⁵** saŋ⁵³	
夥計	承勞	ʃin⁵⁵ lo⁵⁵	
夥計	做事	tso¹¹ ʃe¹¹	
漲價	起價	hi¹¹ ka¹¹	
算帳	算數	son¹¹ sɨ¹¹	
窮人	窮苦人	k'iuŋ⁵⁵ k'u¹¹ ȵin⁵⁵	
罷工	罷工	**pa¹¹** kuŋ⁵³	
賠本	了錢	liau¹¹ ts'ien⁵⁵	
賠本	貼錢	t'iap⁵ᐟ² ts'ien⁵⁵	
養老之錢	病糧	p'iaŋ³³ lioŋ⁵⁵	
養家禽	畜頭牲	hiuk⁵ᐟ² t'eu⁵⁵ saŋ⁵³	
養豬者	畜豬	hiuk⁵ᐟ² tʃu⁵³	
養雞者	畜雞	hiuk⁵ᐟ² ke⁵³	
魯莽人	魯夫人	lu⁵³ fu⁵³ ȵin⁵⁵	
學生	學生	hok² saŋ⁵³	
學徒	學師	hok² si⁵³	
燙髮院	電毛店	t'ien³³ mo⁵³ tiam¹¹	
餐廳	食堂	ʃit² t'oŋ⁵⁵	
閹豬者	閹豬	ʒam⁵³ tʃu⁵³	
閹雞者	閹雞	ʒam⁵³ ke⁵³	
總統	總統	tsuŋ¹¹ t'uŋ¹¹	

賺錢	賺錢	ts'on¹¹ ts'ien⁵⁵	
還錢	還錢	van⁵⁵ ts'ien⁵⁵	
職業	頭路	t'eu⁵⁵ lu³³	
職業	職業	tʃit⁵˄² ɲiap²	
醫師	先生	sin⁵³ saŋ⁵³	
醫師	醫生	ʒi⁵³ sen⁵³	
醫師娘	先生娘	sin⁵³ sen⁵³ ɲioŋ⁵⁵	
繳交	納	nap²	
籌錢	舂錢	tʃuŋ⁵³ ts'ien⁵⁵	
警察	警察	kin¹¹ ts'at⁵	

二十三、交通電信

華語詞義	豐順詞彙	豐順語音	備　註
三輪車	三輪車	sam⁵³ lin¹¹ tʃ'a⁵³	
公共汽車	巴士	pa⁵⁵ si⁵³	*外來詞。
公路	大路	t'ai¹¹ lu³³	
火車	火車	fo¹¹ tʃ'a⁵³	
牛車	牛車	ŋeu⁵⁵ tʃ'a⁵³	
牛車	牛牯車	ŋeu⁵⁵ ku¹¹ tʃ'a⁵³	
打電話	打電話	ta¹¹ t'ien¹¹ fa¹¹	
吊車	吊車	tiau¹¹ tʃ'a⁵³	
收音機	收音機	ʃu⁵³ ʒim⁵³ ki⁵³	
竹筏	竹排（船）	tʃuk⁵˄² p'e⁵⁵（ʃon⁵⁵）	
自動車	自動車	ts'ɨ¹¹ t'uŋ³³ tʃ'a⁵³	
把手—指腳踏車上的	羊頭	ʒoŋ⁵⁵ t'eu⁵⁵	
車	車	tʃ'a⁵³	
車站	車站	tʃ'a⁵³ tsam¹¹	
拖車	拖車	t'o⁵³ tʃ'a⁵³	
吟噹—指腳踏車上的	吟喨	lin⁵⁵ liaŋ⁵⁵	*象聲。
巷	巷	hoŋ³³	

後座─指腳踏車上的	後載	heu¹¹ tsai¹¹	
柏油路	**麻膠路**	ma⁵⁵ ka⁵⁵ lu³³	*閩南話詞彙。
紅綠燈	紅青燈	fuŋ⁵⁵ ts'iaŋ⁵³ ten⁵³	
飛機	飛行機	pui⁵³ ʒaŋ⁵⁵ ki⁵³	
船錨	船錠	ʃon⁵⁵ tia¹¹	
插頭	插頭	ts'ap⁵⁻² t'eu⁵⁵	
椅墊─指腳踏車上的	墊坐	t'iap⁵⁻² ts'o⁵³	
開關	的火	tiak² fo¹¹	
開關	開關	koi⁵³ kuan⁵³	
煞車	擋車	toŋ¹¹ tʃ'a⁵³	
腳踏車	自行車	si¹¹ laŋ⁵⁵ tʃ'a⁵³	
腳踏版─指腳踏車上的	腳踏	kiok⁵⁻² t'ap²	
裕隆	裕隆	ʒi¹¹ luŋ⁵⁵	
遊覽車	遊覽車	ʒiu⁵⁵ lam¹¹ ts'a⁵³	
道路	道路	t'o³³ lu³³	
電線	電線	t'ien¹¹ sien¹¹	
輕便車	輕便車	k'in⁵⁵ p'ien¹¹ tʃ'a⁵³	行固定路線鐵軌之車。
廣播	放送頭	**poŋ**¹¹ suŋ¹¹ t'eu⁵⁵	*源自日語。
廣播	廣播	koŋ¹¹ po⁵³	
碾米機	**挨礱**	e⁵³ luŋ⁵⁵	
碼頭	碼頭	ma⁵³ t'eu⁵⁵	
橋	橋	k'iau⁵⁵	
總站	車頭	tʃ'a⁵³ t'eu⁵⁵	
轎車	轎車	kiau⁵³ tʃ'a⁵³	
鐵路	鐵路	t'iet⁵⁻² lu¹¹	

二十四、天干地支

華語詞義	豐順詞彙	豐順語音	備　註
甲	甲	kap⁵	
乙	乙	ʒat⁵	

丙	丙	piaŋ¹¹	
丁	丁	ten⁵³	
戊	戊	vu³³	
己	己	ki¹¹	
庚	庚	kaŋ⁵³	
辛	辛	sin⁵³	
壬	壬	ʒin⁵⁵	
癸	癸	kui¹¹	
子	子	tsi¹¹	
丑	丑	tʃʼu¹¹	
寅	寅	ʒi⁵⁵	
卯	卯	mau⁵³	
辰	辰	ʃin⁵⁵	
巳	巳	si³³	
午	午	ŋ̍¹¹	
未	未	vui³³	
申	申	ʃin⁵³	
酉	酉	ʒiu⁵³	
戌	戌	sut⁵	
亥	亥	hoi³³	

二十五、動作

（一）動作貌

華語詞義	豐順詞彙	豐順語音	備　　　註
大大口的	大大口	tʼai³³ tʼai³³ heu¹¹	
以火燒垃圾	熰火	eu¹¹ fo¹¹	
打哈欠	擘嘴	pak⁵˃² tʃoi¹¹	
打噴嚏	打哈啾	ta¹¹ hat⁵ tsʼiu⁵³	*象聲
打瞌睡	啄目睡	tuk⁵˃² muk⁵˃² ʃoi³³	
打稻穗	拌禾稈	pʼan⁵³ vo⁵⁵ kon¹¹	
生小孩	養細人	ʒoŋ⁵³ se¹¹ nin⁵⁵	

生小豬	養豬	ʒoŋ⁵³ tʃu⁵³	
用腳尖踢	用蹴	ʒuŋ¹¹ sio¹¹	
用飆的	用飆	ʒuŋ¹¹ piau⁵³	
丟掉	丟忒	tiu⁵³ t'et⁵	
丟掉	拂忒	fit⁵⁻² t'et⁵	
休息	嬲	liau¹¹	
吃素	食齋	ʃit² tsai⁵³	
吃飯	食飯	ʃit² p'on³³	
吃葷	食葷	ʃit² fun⁵³	
吃─罵人用	豺	sai⁵³	
回家	轉屋	tʃon¹¹ vuk⁵	
回話	應人	en¹¹ ɲin⁵⁵	
耳朵聽到了	耳空聽著	ɲi¹¹ k'uŋ⁵³ t'en⁵³ to¹¹	
吞口水	吞口水	t'un⁵³ heu¹¹ ʃui¹¹	
吹牛角	噴牛角	p'un⁵⁵ ŋeu⁵⁵ kok⁵	
吹笛子	噴簫	p'un⁵⁵ siau⁵³	
吹嗩吶	噴笛	p'un⁵⁵ t'et²	
吹龍角	噴龍角	p'un⁵⁵ liuŋ⁵⁵ kok⁵	
吹簫	噴笛	p'un⁵⁵ **t'et²**	
吻臉頰	嗳嘴角	tsim¹¹ tʃoi¹¹ kok⁵	
坐下來	坐下來	ts'o⁵³ ha⁵³ loi⁵⁵	
把東西軋掉	軋東西	tsa¹¹ tuŋ⁵³ si⁵³	
使眼色	打眼箭	ta¹¹ ɲien¹¹ tsien¹¹	
刷牙	洗牙齒	se¹¹ ŋa⁵⁵ tʃɿ¹¹	
刮肉	刮肉	kuat⁵⁻² ɲiuk⁵	
刮肉	㕵肉	k'au⁵⁵ ɲiuk⁵	
協調	協調	hiap⁵⁻² t'iau⁵⁵	
取笑	笑人	siau¹¹ ɲin⁵⁵	
拔毛	挷毛	paŋ⁵³ mo⁵³	
服伺	服伺	fut² si³³	
削皮	削皮	siok⁵⁻² p'i⁵⁵	

削皮	圂皮	k'au⁵⁵ p'i⁵⁵	
很賴皮—指小孩	腌上面	an¹¹ soŋ⁵³ mien¹¹	
流鼻涕	流鼻	liu⁵⁵ p'i³³	
炸東西	炸東西	tsa³³ tuŋ⁵³ si⁵³	
炸東西	烰東西	p'o⁵⁵ tuŋ⁵³ si⁵³	
相撞	相撞	sioŋ⁵³ tʃ'oŋ³³	
砍草	撥草	p'at⁵˃² ts'o¹¹	
看到	看著	k'on¹¹ to¹¹	
看新聞	看新聞	k'on¹¹ sin⁵³ vun⁵⁵	
看電視	看電視	k'on¹¹˃³³ t'ien³³ ʃi¹¹	
借東西	借東西	tsia¹¹ tuŋ⁵³ si⁵³	
害人	害人	hoi¹¹ ȵin⁵⁵	
挾菜	挾菜	kiap⁵˃² ts'oi¹¹	
捕蝦虎	牽狗頷	k'ien⁵³ keu¹¹ ŋam¹¹	
眨眼	瞇目	ȵiap⁵˃² muk⁵	
起床—爬起來	跋偷來	pak⁵˃² t'eu⁵³ loi⁵⁵	
起床—爬起來	蹶偷來	k'iet² t'eu⁵³ loi⁵⁵	
配菜	捞菜	poŋ¹¹ ts'oi¹¹	
配飯	捞飯	poŋ¹¹ p'on³³	
除掉脚毛	挴脚	lot² kiok⁵	
做生意	做生理	tso¹¹ sen⁵³ li⁵³	
捲草結	縈草縈	ʒaŋ⁵³ ts'o¹¹ ʒaŋ⁵³	將竹或稻桿捲成一綑一綑以便起火用。
斜眼瞄人	眠人	ʃe¹¹ ȵin⁵⁵	
殺雞	剮雞	tʃ'i⁵⁵ ke⁵³	
眼皮跳	目珠掣	muk⁵˃² tʃu⁵³ tʃ'at⁵	
頂嘴	堵人	tu⁵⁵ ȵin⁵⁵	
頂嘴	應人	en¹¹ ȵin⁵⁵	
揉眼睛	擂目珠	lui⁵⁵ muk⁵˃² tʃu⁵³	
無意中聽見	耳空裝著	ȵi¹¹ k'uŋ⁵³ tsoŋ⁵³ to¹¹	
煮茶	煏茶	p'u⁵⁵ ts'a⁵⁵	

煮飯	烳飯	p'u⁵⁵ p'on³³	
結果子	打子	ta¹¹ tsi¹¹	
跑	走	tseu¹¹	
愁眉苦臉	額鼻皺	ȵiak⁵﹥² p'i³³ tsiu¹¹	
搖頭	拂頭	fin¹¹ t'eu⁵⁵	
搖頭	搖頭	ʒeu⁵⁵ t'eu⁵⁵	
準備	準備	tʃun¹¹ p'i³³	
煩人—指小孩	蹻人	k'iau⁵⁵ ȵin⁵⁵	
補稻頭	補禾頭	pu¹¹ vo⁵⁵ t'eu⁵⁵	
躲藏	囥	k'oŋ¹¹	
遊玩	嬲	liau¹¹	
孵蛋	孵卵	p'u³³ lon¹¹	
慷慨	慷慨	k'oŋ⁵³ k'oi¹¹	
漱口	洗嘴	se¹¹ tʃoi¹¹	
瞄到	影著	ʒaŋ¹¹ to¹¹	
聞東西	鼻東西	p'i¹¹ tuŋ⁵³ si⁵³	
寫字	寫字	sia¹¹ si³³	
撞到	撞著	ts'oŋ¹¹ to¹¹	
撒嬌	使妮	sai⁵³ nai⁵³	*閩南語詞彙。
撒嬌	做嬌	tso¹¹ kiau⁵³	
調查	調查	t'iau⁵⁵ ts'a⁵⁵	
養魚	養魚	ʒoŋ⁵³ ŋ̍⁵⁵	
養豬	畜豬	hiuk⁵﹥² tʃu⁵³	
踮腳尖	打蹬	ta¹¹ ten⁵³	
鋤草	割草	kot⁵﹥² ts'o¹¹	
燙煮雞	煠雞	sap² ke⁵³	以整隻生的雞放入水中將其煮熟。
磨米	挨米	e⁵³ mi¹¹	把米磨成米漿以製成粄
幫助	幫助	poŋ⁵³ ts'u¹¹	
盪青菜	醬菜	tsioŋ¹¹ ts'oi¹¹	
講電話	講電話	koŋ¹¹ t'ien³³ fa¹¹	

點頭	頷頭	ŋam^{11} t'eu^{55}	
點頭	點頭	tiam^{11} t'eu^{55}	
擤鼻涕	擤鼻	sen^{11} p'i^{33}	
燻香蕉	熻弓蕉	him^{11} **kuŋ**^{53} tsiau^{53}	藉電土所施放的熱氣把香蕉燻熟。
蹺腳	蹺腳	k'iau^{11} kiok^5	
蹭—兩腳互搓	踩	ts'io^{11}	
觸電	掣人	tʃ'at^5 n̠in^{55}	
灑水	淋水	lim^{55} ʃui^{11}	
灑水	灑水	sa^{11} ʃui^{11}	
攪糖	攪糖	kiau^{11} t'oŋ^{55}	
讓人	讓人	n̠ioŋ^{11} n̠in^{55}	
罵人夭壽	夭壽	ʒeu^{53} ʃu^{11}	
罵人眼盲	膏盲代	ko^{53} mo^{53} t'oi^{11}	
罵人眼盲又絕子	膏盲絕代	ko^{53} mo^{53} ts'iet^2 t'oi^{11}	
罵人絕子	絕代	ts'iet^2 t'oi^{11}	

（二）一般動詞

華語詞義	豐順詞彙	豐順語音	備　　註
吃	搽	sem^{11}	
扛	核	k'ai^{53}	
吸吮	吮	ts'ion^{53}	
抓癢	爪核	tsau^{11} hoi^{55}	
走	行	haŋ^{55}	
剁	剁	tok^5	
押下去	砸	tsak^5	
沾	搵	vun^{11}	
炊	炊	tʃ'oi^{53}	
爬	跋	pak^5	
爬	蹶	k'iet^2	
挖	挖	vet^5	
染色	染色	n̠iam^{11} set^5	

研究	研究	ŋan⁵³ kiu¹¹	
剖	剖	p'o¹¹	
埋	埋忒	**me⁵⁵** t'et⁵	
拿	拿	na⁵³	
拿來	拿來	na⁵³ loi⁵⁵	
浪花激起來	激起來	kep² hi¹¹ loi⁵⁵	
烘焙	焙	p'oi¹¹	
站	徛	k'i⁵³	
起火	起火	hi¹¹ fo¹¹	
追	追	tui⁵³	
脫掉	脫忒	t'ot⁵﹥² t'et⁵	
挼	撨	sem¹¹	
催	催	ts'ui⁵³	
剷	擦	ts'at⁵	將蘿蔔，地瓜……等。剷成細條狀的動作。
搗東西	舂東西	tʃuŋ⁵³ tuŋ⁵³ si⁵³	以槌擊打的方式。
跳	跳	t'iau¹¹	
逼	逼	pet⁵	
搦	搦	t'ak⁵	以繩綁東西之動作。
滷—以醬油	滷	lo⁵⁵	*閩南語語音。
蓋	揜	**k'em⁵⁵～k'iem⁵⁵**	
蒸	蒸	tʃin⁵³	
劈	劈	p'iak²	
撞—以膝蓋撞	扽	tun¹¹	
撈	撈	leu⁵⁵	
撒	委	ve¹¹	
踢	踢	t'et⁵	
踢—以腳尖	蹴	sio¹¹	
踏	踏	t'ap⁵	
踩	跺	tio⁵⁵	
踩—用力貌	蹓	naŋ¹¹	

醃菜—以鹽	滷菜	lu⁵³ ts'oi¹¹	
鋤	改	koi¹¹	用鋤頭的行為。
擂	擂	lui⁵⁵	
燒火	燒火	ʃau⁵³ fo¹¹	
燒火	窿火	luŋ⁵⁵ fo¹¹	
瞪	瞪	taŋ⁵³	
舉	擎	k'ia⁵⁵	
簸	簸	poi¹¹	以兩手配合用抖動竹器（如：簸箕）的方式，將不同之物品分開的動作稱之。
蹲	跍	k'u⁵⁵	
癢	痎	hoi⁵⁵	
躍	躍	ts'iok²	
飆	飆	piau⁵³	
聽	聽	t'en⁵³	
搉	搉	mak²	1. 以棍棒擊打　2. 向後倒，頭觸地。
罵人	罵人	ma¹¹ ɲin⁵⁵	

二十六、數量詞

華語詞義	豐順詞彙	豐順語音	備　　註
一	一	ʒit⁵	
二	兩	lioŋ¹³	
三	三	sam⁵³	
四	四	si¹¹	
五	五	ŋ̍¹³	
六	六	liuk⁵	
七	七	ts'it⁵	
八	八	pat⁵	
九	九	kiu¹¹	
十	十	ʃip²	

十一	十一	ʃip² ʒit⁵	
十二	十二	ʃip² ȵi¹¹	
一口池塘	一隻陂塘	ʒit⁵˙² tʃak⁵ pi⁵³ t'oŋ⁵⁵	
一口池塘	一窟陂塘	ʒit⁵˙² k'ut⁵ pi⁵³ t'oŋ⁵⁵	
一寸	一寸	ʒit⁵˙² ts'un¹¹	
一戶	一戶	ʒit⁵˙² fu¹¹	
一半	一半	ʒit⁵˙² pan¹¹	
一件	一件	ʒit⁵˙² k'ien³³	
一份	一份	ʒit⁵˙² fun¹¹	
一串香蕉	一托弓蕉	ʒit⁵˙² t'ok⁵ kiuŋ⁵³ tseu⁵³	
一步	一步脚	ʒit⁵˙² p'u¹¹ kiok⁵	
一段	一段	ʒit⁵˙² t'on¹¹	
一倍	一倍	ʒit⁵˙² p'oi³³	
一個人	一儕	ʒit⁵˙² sa⁵⁵	
一個人	一个人	ʒit⁵˙² **kai¹¹** ȵin⁵⁵	
一個衣櫃	一槓櫥	ʒit⁵˙² koŋ¹¹ tʃ'u⁵⁵	
一個衣櫃	一輛簞笥櫥	ʒit⁵˙² lioŋ⁵⁵ t'an⁵⁵ si⁵³ tʃ'u⁵⁵	
一套衣服	一身衫褲	ʒit⁵˙² ʃin⁵³ sam⁵³ k'u¹¹	
一根針	一枝針	ʒit⁵˙² ki⁵³ tʃim⁵³	
一根鐵釘	一枝鐵釘	ʒit⁵˙² ki⁵³ t'iet⁵˙² ten⁵³	
一隻豬	一隻豬	ʒit⁵˙² tʃak⁵ tʃu⁵³	
一隻豬	一條豬	ʒit⁵˙² t'iau⁵⁵ tʃu⁵³	
一隻雞	一隻雞	ʒit⁵˙² tʃak⁵ ke⁵³	
一隻蟾蜍	一隻蟾蜍	ʒit⁵˙² tʃak⁵ ʃam⁵⁵ ʃu⁵⁵	
一張床	一頂眠床	ʒit⁵˙² taŋ¹¹ min⁵⁵ ts'oŋ⁵⁵	
一條蟲	一尾蟲	ʒit⁵˙² mui⁵⁵ tʃ'uŋ⁵⁵	
一畦菜園	一廂菜園	ʒit⁵˙² sioŋ⁵³ ts'oi¹¹ ʒen⁵⁵	
一尊	一尊	ʒit⁵˙² tsun⁵³	
一間店	一間店	ʒit⁵˙² kien⁵³ tiam¹¹	
一塊田	一埠田	ʒit⁵˙² fu⁵³ t'ien⁵⁵	

一塊園地	一塊園	ʒit⁵˃² te¹¹ ʒen⁵⁵	
一盞燈	一蕊火	ʒit⁵˃² lui⁵⁵ fo¹¹	
一綑線	一隻線	ʒit⁵˃² tʃak⁵ sien¹¹	
一綑線	一綑線	ʒit⁵˃² k'un¹¹ sien¹¹	
一窩小豬	一竇豬子	ʒit⁵˃² teu¹¹ tʃu⁵³ tsɨ¹¹	
一頭牛	一條牛	ʒit⁵˃² t'iau⁵⁵ ŋeu⁵⁵	
一叢稻稈	一隻禾稈	ʒit⁵˃² tʃak⁵ vo⁵⁵ kon¹¹	
一叢稻稈	一準禾稈	ʒit⁵˃² tʃun¹³ vo⁵⁵ kon¹¹	
一瓣橘子	一捻柑	ʒit⁵˃² niam¹¹ kam⁵³	
多少錢	**幾偷銀**	ki¹¹ t'eu⁵³ nien⁵⁵	
多少錢	**幾塊銀**	**keu¹¹ k'eu⁵³** nien⁵⁵	
第一屆	第一屆	t'i³³ ʒit⁵ ke¹¹	
整串香蕉	一弓	ʒit⁵˃² kiuŋ⁵³	

二十七、形容性

華語詞義	豐順詞彙	豐順語音	備　　註
一層一層炊（粄）	層層炊	ts'en⁵⁵ ts'en⁵⁵ tʃ'ui⁵³	
一樣	有共樣	ʒiu⁵³ k'iuŋ³³ ʒoŋ³³	
刀很銳利	刀當利	to⁵³ toŋ⁵³ li¹¹	
下垂	下垂	ha¹¹ sui⁵⁵	
口渴	嘴渴	tʃoi¹¹ hot⁵	
大	大	t'ai³³	
小	小	siau¹¹	
小	細	se¹¹	
不一樣	無共樣	mo⁵⁵ k'iuŋ³³ ʒoŋ³³	
中	中	tʃuŋ⁵³	
反淨淨	反淨淨	fan¹¹ ts'iaŋ¹¹˃¹³ ts'iaŋ¹¹	語言流失意。
比較凶惡	較惡	ha¹¹ ok⁵	
打戰	打戰	ta¹¹ tʃan¹¹	
打磟碡	**打磟碡**	ta¹¹ luk² tʃ'uk²	形容人很會講話，說起來頭頭是道，但實際卻不會去做。

兇惡	惡	ok⁵	
好	好	ho¹¹	
成熟	熟	siuk⁵	
有影子	有影	ʒiu⁵³ ʒaŋ¹¹	指電視上所播放出的影子。
老實	老實	lo¹¹ ʃit²	
衣服破洞	衫爛空	sam⁵³ lan¹¹ k'uŋ⁵³	
肚子餓	肚屎枵	tu¹¹ ʃɨ¹¹ ʒau⁵³	
肚子餓	肚飢	tu¹¹ ki⁵³	*少用。
厚	賁	p'un⁵³	
很土的話	盡烏	ts'in¹¹ vu⁵³	
很多	普遍	p'u⁵³ p'ien⁵³	
很好	當好	toŋ⁵³ ho¹¹	
很好	盡好	ts'in¹¹ ho¹¹	
很乾淨	盡伶俐	ts'in¹¹ **len**⁵⁵ li³³	
很喜歡	盡好	ts'in³³ hau¹¹	
很過份	還夭折	han⁵⁵ ʒeu⁵³ tset⁵	
很慘	還慘	han⁵⁵ ts'am¹¹	
很漂亮	當靚	toŋ⁵³ tsiaŋ⁵³	
很熱	盡熱	ts'in¹¹ ɲiet²	
很熱	還熱	han⁵⁵ ɲiet²	
很醜	當醜	toŋ⁵³ tse¹¹	
很鬆	當鬆	toŋ⁵³ suŋ⁵³	
歪歪的	fe fe	fe¹¹ fe¹¹	
歪歪的	歪歪	uai⁵³ uai⁵³	
派頭	**掤頭**	p'aŋ⁵⁵ t'eu⁵⁵	原意為：正戲之前的逗趣表演。通常與正戲較無關，由表演者即興發揮，再導入正戲。
相當	拗蠻	au¹¹ man⁵⁵	
背淨淨	背淨淨	p'oi³³ ts'iaŋ¹¹﹥¹³ ts'iaŋ¹¹	語言流失意。
倒楣	衰	soi⁵³	

埋伏	到該孵	to¹¹ ke⁵⁵ p'u¹¹	
弱	弱	niok²	
累	痶	t'iam¹¹	
軟	軟	nion⁵³	
喝酒醉	食酒醉	ʃit² tsiu¹¹ tsui¹¹	
痛	惻	ts'it⁵	「惻」方言或做「疾」。
發酵	發起來	fat⁵˃² hi¹¹ loi⁵⁵	
硬	硬	**ŋaŋ³³**	
嫌棄	嫌	hiam⁵⁵	
落差	跌崁	tiet⁵˃² k'am¹¹	
頑皮	攀崎	p'an⁵⁵ k'ia⁵⁵	小孩頑皮愛爬高處。
寧靜	寧靜	**nin⁵⁵** tsin**¹¹**	
漂亮	靚	tsiaŋ⁵³	
睡醒	睡醒	ʃoi¹¹ siaŋ¹¹	
緊張	緊張	kin¹¹ tʃoŋ⁵³	
骯髒	屙糟	o⁵³ tso⁵³	
寬	闊	**k'uat⁵**	
彈性	彈性	t'an⁵⁵ sin¹¹	
暴炸	暴炸	pau¹¹ tsa¹¹	
稻熟了	禾黃（了）	vo⁵⁵ **voŋ⁵⁵**（le⁵³）	意指可收割了。
擁擠	尖	tsiam⁵³	
整排	歸排	kui⁵³ **p'e⁵⁵**	
脖子歪歪的	頸偏偏	kiaŋ¹¹ p'ien⁵³ p'ien⁵³	1. 形容動物脖子長長的樣子。 2. 形容桀傲不受教的樣子。
駱駝	駱駝	lot² t'o⁵⁵	形容很能吃的人。
瞪	目瞪瞪	muk⁵˃² taŋ⁵³ taŋ⁵³	
臉皮皺皺的	面皺皺	mien¹¹ tsiu¹¹ tsiu¹¹	
還不錯	拗蠻好	au**¹¹** man⁵⁵ ho¹¹	
還不錯	**拗蠻勢**	au⁵³ man⁵⁵ ʃe¹¹	
醜	醜	tse¹¹	
轉了了	轉了了	tʃon¹¹ liau¹¹˃¹³ liau¹¹	比喻「虧」之意。
壞淨淨	壞淨淨	fai¹¹ ts'iaŋ¹¹˃¹³ ts'iaŋ¹¹	語言流失意。

難	難	nan⁵⁵	.
饑餓	饑餓	ki⁵³ ŋo¹¹	
竹祜拍地聲	sia sia sia sia	sia¹¹ sia¹¹ sia¹¹ sia¹¹	
呱呱叫	**ŋoi ŋoi 滾**	ŋoi⁵³ ŋoi⁵³ kun¹¹	指當地人形容當地羅屋及葉屋人所講的客家話中，只我為「ŋoi⁵³」，你為「ni⁵³」外，其餘均海陸腔同，因而戲稱其言為「ŋoi⁵³ ŋoi⁵³ kun¹¹」。
蛙叫聲	嘓嘓嘓	kuat⁵ kuat⁵ kuat⁵	

二十八、副詞，介詞

華語詞義	豐順詞彙	豐順語音	備　　註
一定	一定	ʒit⁵﹥² t'in³³	
大約	大約	t'ai³³ ʒok⁵	
另外	另外	naŋ¹¹ ŋoi¹¹	
附近	就近	ts'iu¹¹ k'ien⁵³	
很近	當近	toŋ⁵³ k'iun⁵³	
很急	當急	toŋ⁵³ kip⁵	
真的	真經	tʃin¹¹ kin⁵³	
真假	真假	tʃin⁵³ ka¹¹	
最近	就近	ts'iu¹¹ k'ien⁵³	
齊全	齊	ts'e⁵⁵	
還未嫁人	**還盲賣**	han⁵⁵ maŋ⁵⁵ mai¹¹	
還沒有去	還盲去	han⁵⁵ maŋ⁵⁵ hi¹¹	
向前走	向前行	hioŋ¹¹ ts'ien⁵⁵ haŋ⁵⁵	
在這裡	在這位	ts'ai¹¹ lia¹³ vui¹¹	
往返	往去往轉	voŋ⁵³ hi¹¹ voŋ⁵³ tʃon¹¹	
從來	從來	ts'uŋ⁵⁵ loi⁵⁵	
最後	到尾	to¹¹ mui⁵³	
替人工作	同人做	t'uŋ⁵⁵ nin⁵⁵ tso¹¹	
給你	分你	pun⁵³ ni⁵⁵	
照常	照常	**tʃeu¹¹ ʃoŋ⁵⁵**	

二十九、其他詞

華語詞義	豐順詞彙	豐順語音	備　　註
犯罪	犯罪	fam¹¹ ts'ui³³	
治理	治理	tʃ'i³³ li⁵³	
國旗	國旗	kuet⁵⁻² k'i⁵⁵	
聖旨	聖旨	ʃin¹¹ tʃi¹¹	
鋪路	鋪路	p'u⁵³ lu³³	
快樂	快樂	k'uai¹¹ lok²	
奇怪	奇怪	k'i⁵⁵ kuai¹¹	
欣賞	欣賞	him⁵³ ʃoŋ¹¹	
很冷	腌冷（囉）	an¹¹ len⁵³（lo³³）	
恆心	恆心	vaŋ⁵⁵ sim⁵³	
貪心	貪心	t'am⁵³ sim⁵³	
慈詳	慈詳	ts'ɨ⁵⁵ sioŋ⁵⁵	
慈詳	還好心性	han⁵⁵ ho¹¹ sim⁵³ siaŋ¹¹	
感心	感心	kam¹¹ sim⁵³	
感覺	感覺	kam¹¹ kok⁵	
愛心	愛心	oi¹¹ sim⁵³	
煩心	煩心	fan⁵⁵ sim⁵³	
認真	認真	ɲin¹¹ tʃin⁵³	
寬心	寬心	k'on⁵³ sim⁵³	
憂心	愁慮	seu⁵⁵ li¹¹	
確實	確實	k'ok⁵⁻² ʃit²	
聲音	聲音	ʃaŋ⁵³ ʒim⁵³	
謙虛	謙虛	k'iam⁵³ hi⁵³	
歡喜	歡喜	fon⁵³ hi¹¹	
鬱悶	當趨心	toŋ⁵³ kiuk² sim⁵³	
去採茶	摘茶去	tsak⁵⁻² ts'a⁵⁵ hi¹¹	
申請	申請	ʃin⁵³ ts'iaŋ¹¹	
休息	休息	hiu⁵³ sip⁵	
投降	投降	t'eu⁵⁵ hoŋ⁵⁵	

依靠	依靠	ʒi⁵³ kʼo¹¹	
勇敢	勇敢	ʒuŋ¹¹ kam¹¹	
很捨得	還捨得	han⁵⁵ ʃa¹¹ tet⁵	
相爭	相爭	sioŋ⁵³ tsaŋ⁵³	
紀念	紀念	ki¹¹ ɲiam¹¹	
訪問	訪問	foŋ¹¹ mun¹¹	
責備	責備	tsit⁵˃² pʼi³³	
提防	提防	tʼi⁵⁵ foŋ⁵⁵	
握手	扼手	ak⁵˃² ʃu¹¹	
欺負	欺負	kʼi⁵³ fu¹¹	
遇到	堵著	tu⁵⁵ to¹¹	
踒	躀頭	kʼui¹¹ tʼeu⁵⁵	
對待	對待	tui¹¹ tʼai¹¹	
整理	整理	tʃin¹¹ li⁵³	
激動	激動	kit⁵˃² tʼuŋ³³	
賴皮—指小孩	上面	son⁵³ mien¹¹	
縱火	放火	pioŋ¹¹ fo¹¹	
講客家話	講客話	koŋ¹¹ hak⁵ voi⁵³	
贈送	贈送	tsen³³ suŋ¹¹	
勸人	勸人	kʼien¹¹ ɲin⁵⁵	
競爭	競爭	kin¹¹ tsen⁵³	
繼續	繼續	ki¹¹ siuk²	
囂張	閉箒	hia⁵³ pai⁵³	*閩南語詞彙。
歡迎	歡迎	fon⁵³ ʒaŋ⁵⁵	
力量	力量	lit² lioŋ¹¹	
不要	毋愛	m̩⁵⁵ oi¹¹	
互相	互相	fu¹¹ sioŋ⁵³	
匹配	配合	pʼoi¹¹ hap²	
世界	世界	ʃe¹¹ kai¹¹	
平均	平均	pʼin⁵⁵ kiun⁵³	
立志	立志	lip² tʃi¹¹	

危險	危險	**mun**⁵⁵ hiam¹¹	
各自	各各	kok⁵ᐳ² kok⁵	
名譽	名譽	miaŋ⁵⁵ ʒi¹¹	
因為	因為	ʒin⁵³ **vi**¹¹	
安慰	安慰	on⁵³ vi³³	
年少	年少	ȵien⁵⁵ ʃeu¹¹	
考慮	考慮	k'o¹¹ **lu**¹¹	
自然	自然	ts'ɿ³³ ʒan⁵⁵	
坐牢	坐館	ts'o⁵³ kon¹¹	
希望	希望	hi⁵³ moŋ¹¹	
志氣	志氣	tʃɿ¹¹ hi¹¹	
忍耐	忍耐	ȵiun⁵³ nai¹¹	
技術	技術	ki¹¹ sut²	
更加	更加	ken¹¹ ka⁵³	
牢房	牢房	leu⁵⁵ foŋ⁵⁵	
車篷	車篷	tʃ'a⁵³ p'uŋ⁵⁵	
巡邏	巡邏	sun⁵⁵ lo⁵⁵	
制度	制度	tʃɿ¹¹ t'u³³	
服務	服務	fuk² vu¹¹	
物資	物資	vut² tsi⁵³	
社會	社會	ʃa¹¹ fui³³	
保護	保護	po¹¹ fu¹¹	
勉強	勉強	mien⁵³ k'ioŋ⁵⁵	
威風	威風	vi⁵³ fuŋ⁵³	
思念	思念	sɿ⁵³ ȵiam¹¹	
拜託	拜託	pai¹¹ t'ok⁵	
既然	既然	ki¹¹ ʒan⁵⁵	
是非	是非	ʃɿ¹¹ fui⁵³	
活動	活動	fat⁵ t'uŋ³³	
狡猾	狡猾	kau¹¹ vat²	
相差	相差	sioŋ⁵³ ts'a⁵³	

相貌	相貌	sioŋ¹¹ mau¹¹	
計劃	計劃	ke¹¹ vat²	
重要	重要	tʃ'uŋ¹¹ ʒeu¹¹	
原因	原因	ʒen⁵⁵ ʒin⁵³	
原來	原來	ʒen⁵⁵ loi⁵⁵	
特別	特別	t'it² p'iet²	
神情儀態	形投	hin⁵⁵ tau⁵⁵	
訓練	訓練	hiun³³ lien³³	
迷路	迷路	mi⁵⁵ lu¹¹	
除非	除非	tʃ'u⁵⁵ fui⁵³	
做伴	做伴	tso¹¹ p'an⁵³	
參加	參加	ts'am⁵³ ka⁵³	
參與	參與	ts'am⁵³ ni⁵³	
國際	國際	kuet⁵ᐟ² tsi¹¹	
族譜	族譜	tsuk² p'u⁵³	
紫色	茄色	k'io⁵⁵ set⁵	
紫色	紫色	tsɿ¹¹ set⁵	
顏色	色目	set⁵ᐟ² muk⁵	
匹配	登對	ten⁵³ tui¹¹	
犯法	犯法	fam¹¹ fap⁵	
皇帝	皇帝	foŋ⁵⁵ ti¹¹	
恭賀	恭賀	kiuŋ⁵³ ho¹¹	
健康	健康	k'ien¹¹ k'oŋ⁵³	
推薦	推薦	t'ui⁵³ kien¹¹	
清楚	清楚	ts'in⁵³ ts'u¹¹	
習慣	習慣	sip² kuan¹¹	
處理	處理	tʃ'u³³ li⁵³	
規距	規距	kui⁵³ ki¹¹	
速度	速度	suk⁵ᐟ² t'u³³	
單純	單純	tan⁵³ ʃun⁵⁵	
富貴	富貴	fu¹¹ kui¹¹	

焚身	焚身	fun⁵⁵ ʃin⁵³	
發達	發達	fat⁵˃² t'at²	
超過	超過	**tʃ'eu**⁵³ ko¹¹	
開始	開始	k'oi⁵³ ʃɨ¹	
意思	意思	ʒi¹¹ sɨ¹¹	
搶劫	搶劫	ts'ioŋ¹¹ kiap⁵	
詳細	詳細	sioŋ⁵⁵ se¹¹	
跪拜	跪拜	k'ui¹¹ pai¹¹	
頑皮	頑皮	**v**an⁵⁵ p'i⁵⁵	
鼓勵	鼓勵	ku¹¹ li**¹¹**	
態度	態度	t'ai¹¹ t'u³³	
疑心	疑心	ȵi⁵⁵ sim⁵³	
語言	話語	voi⁵³ ȵi⁵³	
厲害	厲害	li¹¹ hoi**¹¹**	
樣式	樣式	ʒoŋ¹¹ ʃit⁵	
熱鬧	鬧熱	nau**¹¹** ȵiet²	
獎券	獎券	tsioŋ¹¹ k'ien¹¹	
憑證	憑證	p'in⁵⁵ tʃin¹¹	
濃煙	濃煙	nuŋ⁵⁵ ʒ**a**n⁵³	
興趣	興趣	hin¹¹ ts'**i**（**y**）¹¹	ts'y¹¹ 撮口呼，應受華語影響。
遵守	遵守	tsun⁵³ ʃu¹¹	
應該	應該	ʒin¹¹ koi⁵³	
縫隙	縫	p'uŋ³³	
繁榮	繁榮	fan⁵⁵ ʒuŋ⁵⁵	
虧損	虧損	k'ui⁵³ sun¹¹	
雖然	雖然	sui⁵³ ʒen⁵⁵	
簡單	簡單	kien¹¹ tan⁵³	
懷疑	懷疑	fai⁵⁵ ȵi⁵⁵	
贖金	贖金	ʃuk² kim⁵³	
溫度	溫度	vun⁵³ t'u¹¹	

三十、短語，句子

（一）短語

華語詞義	豐順詞彙	豐順語音	備　　註
人很魯莽	人腌魯夫	ȵin⁵⁵ an¹¹ lu⁵³ fu⁵³	
海豚跳水	海狗跳水	hoi¹¹ keu¹¹ t'iau¹¹ ʃui¹¹	
斜眼看人	看人眠眠	k'on¹¹ ȵin⁵⁵ ʃe¹¹ ʃe¹¹	
槌乾淨	拌卑伊淨	p'an⁵³ pi⁵³ i⁵⁵ ts'iaŋ¹¹	
聽不懂	聽毌識	t'en⁵³ m̩⁵⁵ ʃit⁵	
大吉大利	大吉大利	t'ai³³ kit⁵ t'ai³³ li³³	
水很滿	水腌淰	ʃui¹¹ an¹¹ nem⁵³	
在哪裡	著奈位	tʃ'ok² nai¹¹ vui³³	
在哪裡	對奈位	tui¹¹ nai¹¹ vui³³	
怕不怕	驚毌驚	kiaŋ⁵³ m̩⁵⁵ kiaŋ⁵³	
肯不肯	肯也毌肯	hen¹¹ ʒa³³ m̩⁵⁵ hen¹¹	
拿它沒辦法	奈毌何	nai¹¹ m̩⁵⁵ ho⁵⁵	
做錯事情	做毌著事	tso¹¹ m̩⁵⁵ tʃ'ok² si¹¹	
敢不敢	敢毌敢	kam¹¹ m̩⁵⁵ kam¹¹	
減掉	減忒佢	kam¹¹ t'et⁵ ki⁵⁵	
遲到	附毌著	fu¹¹ m̩⁵⁵ to¹¹	
還可以	會做得	voi¹¹ tso¹¹ tet⁵	
誇獎	還會安著人哦！	han⁵⁵ voi¹¹ on⁵³ to¹¹ ȵin⁵⁵ o³³	
賭博輸掉了	賭繳輸忒了	tu¹¹ kiau¹¹ ʃu⁵³ t'et⁵ le⁵³	

（二）句子

華語詞義	豐順詞彙	豐順語音	備　　註
七月七日，牛郎織女相會。	七月七，牛郎織女相會。	ts'it⁵ʼ² ȵiet² ts'it⁵，ŋeu⁵⁵ loŋ⁵⁵ tʃi⁵³ ŋ̩¹¹ sioŋ⁵³ fui³³	
不要這麼多，拿掉一些。	嫑腌多，拿減兜。	moi⁵³ an¹¹ to⁵³，na⁵³ kam¹¹ teu⁵³	
他一輩子都在種田	佢一生人就適該耕田	ki⁵⁵ ʒit⁵ʼ² sen⁵³ ȵin⁵⁵ ts'u³³ ti¹¹ ke⁵⁵ kaŋ⁵³ t'ien⁵⁵	比喻辛勞
去竹林那邊玩	去竹頭下嬲	hi¹¹ tʃuk⁵ʼ² t'eu⁵⁵ ha⁵³ liau¹¹	

去拿掃把來掃地	去拿稈掃來掃屋	hi¹¹ na⁵³ kon¹¹ so¹¹ loi⁵⁵ so¹¹ vuk⁵	
本錢足夠	**本錢拗蠻綞**	pun¹¹ ts'ien⁵⁵ au⁵³ man⁵⁵ hen⁵⁵	可指本錢不足，亦可取反義，指本錢足夠
母豬會生小豬了！	豬嫲會養了！	tʃu⁵³ ma⁵⁵ voi¹¹ ʒoŋ⁵³ le⁵³	
再過兩個月	再擱過兩隻月	tsa¹¹ ko¹¹ ko¹¹ lioŋ¹¹ tʃak⁵ ȵiet²	
吃飽了沒有？	食飽启？	ʃit² pau¹¹ maŋ⁵⁵	
吃飽了沒有？	搵飽启？	sem¹¹ pau¹¹ maŋ⁵⁵	
一段時間沒去囉！	好久無去囉！	ho¹¹ kiu¹¹ mo⁵⁵ hi¹¹ lo⁵³！	
有一段時間囉！	有好久囉！	ʒiu⁵³ ho¹¹ kiu¹¹ lo⁵³！	
老鼠打窿	老鼠打窿	lo¹¹ tʃu¹¹ ta¹¹ luŋ⁵⁵	
你有份量嗎？	你有秤頭無？	ȵi⁵⁵ ʒiu⁵³ tʃ'in¹¹ t'eu⁵⁵ mo⁵⁵？	
你有沒有看到？	你有看著無？	ȵi⁵⁵ ʒiu⁵³ k'on¹¹ to¹¹ mo⁵⁵？	
你的老婆·	若婦人家·	ȵia⁵⁵ fu¹¹ ȵin⁵⁵ ka⁵³	
你很搞怪！	你腌鬍鬚！	ȵi⁵⁵ an¹¹ fu⁵⁵ si⁵³	
你很會吃，像駱駝似的·	你還會食，像駱駝樣·	ȵi⁵⁵ han⁵⁵ voi¹¹ ʃit²，ts'ioŋ¹¹ lot² t'o⁵⁵ ʒoŋ¹¹·	
你要去哪裏？派頭那麼大·	你愛去奈？埘頭腌多·	ȵi⁵⁵ oi¹¹ hi¹¹ nai¹¹？ p'aŋ⁵⁵ t'eu⁵⁵ an¹¹ to⁵³·	
你要去哪裏？派頭那麼大！	你愛去奈？埘頭腌大！	ȵi⁵⁵ oi¹¹ hi¹¹ nai¹¹？ p'aŋ⁵⁵ t'eu⁵⁵ an¹¹ t'ai¹¹	
你現在要捉什麼人要在那裏埋伏？	你這下捉麼介人愛到該孵？	ȵi⁵⁵ lia¹³ ha¹¹ tsuk⁵ᐳ² mak⁵ᐳ² kai¹¹ ȵin⁵⁵ oi¹¹ to¹¹ ke⁵⁵ p'u¹¹？	
你搓揉粄了沒?	你人粄启?	ȵi⁵⁵ ts'ip² pan¹¹ maŋ⁵⁵?	
我問你你卻不回答我，很踐哦！	偃問你你毋應偃，還聰頭！	ŋai¹³ mun¹¹ ȵi⁵⁵ ȵi⁵⁵ m̩⁵⁵ en¹¹ ŋai¹³，han⁵⁵ k'ui¹¹ t'eu⁵⁵	
把小孩放在肩膀上	擎細人	k'ia⁵⁵ se¹¹ ȵin⁵⁵	
性子很剛強	性腌強腌硬	sin¹¹ an¹¹ k'ioŋ⁵⁵ an¹¹ ŋaŋ¹¹	
知人知面不知心	知人知面毋知心	ti⁵³ ȵin⁵⁵ ti⁵³ mien¹¹ m̩⁵⁵ ti⁵³ sim⁵³	
哪裡都可以去！	奈位總做得去！	nai¹³ vui¹¹ tsuŋ¹³ tso¹¹ tet⁵ hi¹¹！	

現在什麼時節？	這下麼介時節？	lia¹¹ ha¹¹ mak⁵>² kai¹¹ ʃɨ⁵⁵ tsiet⁵ ?	
蛇的味道很臭腥	蛇仔蠻當臭腥	ʃa⁵⁵ e¹¹ hien¹¹ toŋ⁵³ tʃʻu¹¹ siaŋ⁵³	
這是什麼東西？	這係麼介東西？	lia¹³ he¹¹ mak⁵>² **ke¹¹** tuŋ⁵³ si⁵³ ?	
最近過得好嗎？	就近過著好無？	tsʻiu¹¹ kʻien⁵³ ko¹¹ to¹¹ ho¹¹ mo⁵⁵ ?	
跌倒爬起來	跢倒跋偷來	toi⁵³ to¹¹ pak⁵>² tʻeu⁵³ loi⁵⁵	
整個角落都是書	歸壁角仔書	kui⁵³ piak⁵>² kok⁵ e¹¹ ʃu⁵³	
溫度多少？	溫度幾多？	vun⁵³ tʻu¹¹ kit⁵>² to⁵³ ?	

附錄二　地　圖

【附錄 01】廣東省地理圖

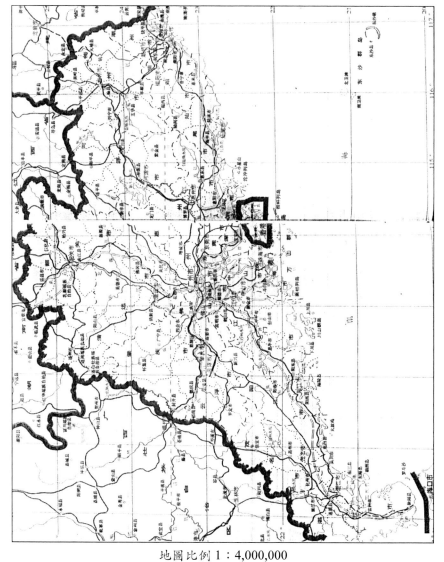

地圖比例 1：4,000,000

（取自《廣東省地圖冊》，頁 1）

【附錄 02】廣東省豐順縣地理圖

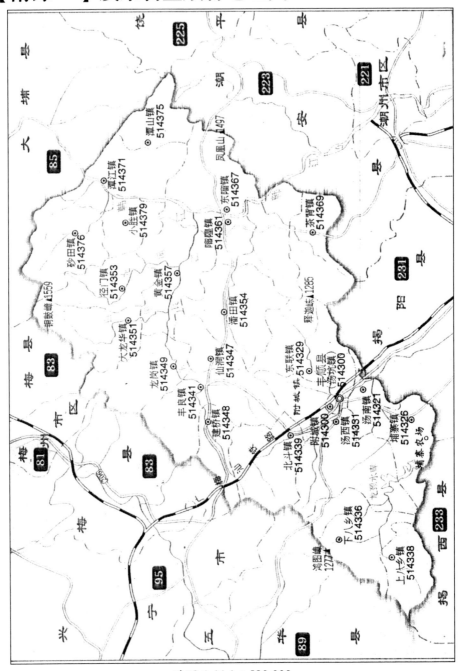

地圖比例 1：590,000

（取自《廣東省政區圖冊》，頁 87）

【附錄 03】廣東省豐順縣方言分佈圖

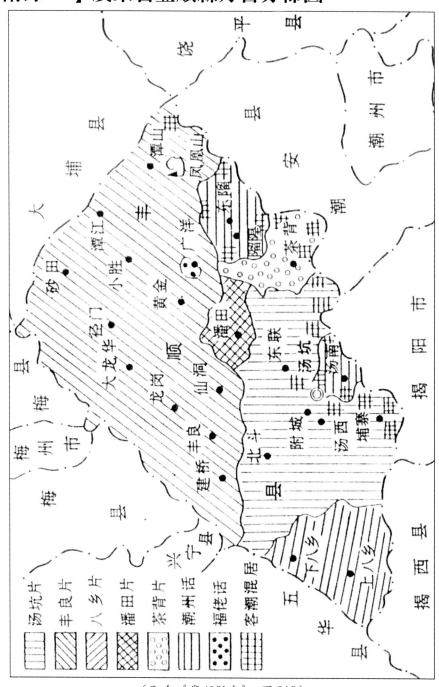

（取自《豐順縣志》，頁 918）

【附錄 04】桃園縣行政區域圖

（取自《桃園文獻第二期：我的家鄉桃園縣》，頁 2）

【附錄 05】新屋鄉行政區圖

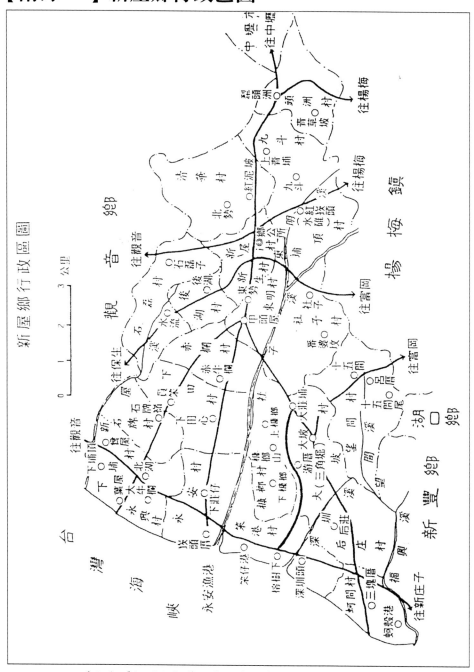

（取自《桃園文獻第二期：我的家鄉桃園縣》，頁 177）